Bernhard Heinzelmann
NAUMBURG

W0012837

Titelbild: Dom St. Peter und Paul

Die Deutsche Bibliothek - CIP-Einheitsaufnahme

Heinzelmann, Bernhard:
Naumburg : ein Führer durch die Domstadt / Bernhard
Heinzelmann. [Es fotogr. Thorsten Schmidt]. - 1. Aufl., 1. - 5.
Tsd. - Wernigerode : Schmidt, 1995
  (Touristen-Reihe)
  ISBN 3-928977-31-8

Es fotografierte Thorsten Schmidt
Foto S. 45: Bernhard Heinzelmann

Lektorat: Marion Schmidt

© 1995 by Schmidt-Buch-Verlag
Burgberg 13; 38855 Wernigerode; Tel: (03943) 2 32 46 Fax: (03943) 4 50 10
1. Auflage 1995, 1. - 5. Tsd.
Satz und Gestaltung: Schmidt-Buch-Verlag
Lithographie, Druck und Weiterverarbeitung: Graphisches Centrum Calbe
ISBN 3-928977-31-8

Bernhard Heinzelmann

Naumburg

Ein Führer durch die Domstadt

Schmidt-Buch-Verlag Wernigerode

Geschichtliches

Die fast 1000 Jahre alte Domstadt Naumburg liegt auf einer rund 25 Meter starken Sandstein- und Geschiebeplatte, die weit in das Mündungsgebiet von Saale und Unstrut vorspringt. Nach drei Seiten hin fällt das Gelände zur Talebene ab. Geologisch betrachtet gehört die Landschaft am Zusammenfluß von Saale und Unstrut zum Übergangsgebiet von Buntsandstein und Muschelkalk, zweier wichtiger Baumaterialien. Sie wurden in der Nähe von Naumburg gebrochen und fanden in Kirchen, Klöstern und Burgen reichlich Verwendung.

Auf der mächtigen Buntsandsteinplatte gegenüber der Saale-Unstrut-Mündung erhob sich schon um das Jahr 1000 die „Neue Burg" der ekkehardingischen Markgrafen. Ihr alter Stammsitz war der Ort „Gene" am Zusammenfluß von Saale und Unstrut. Hier hatten sie eine aus karolingischer Zeit stammende Befestigung zu einer pfalzähnlichen Anlage mit Kirche und Abtei ausgebaut. In ihrem Schutz siedelten Kaufleute und Handwerker und betrieben von hier aus beachtlichen Handel, begünstigt durch die Lage des Ortes an den alten Verkehrswegen. Die Errichtung der „Neuen Burg" und die Verlegung des Stammsitzes dorthin diente vor allem dem weiteren Ausbau der politischen, militärischen und wirtschaftlichen Macht im Markengebiet östlich der Saale. Damit war auch der Bau einer neuen Stiftskirche in nächster Nähe zur Burg verbunden. In der Merseburger Bischofschronik zum Jahr 1021 taucht eine solche auf - praepositura noviter fundata - als „vor kurzem" gegründet und der heiligen Maria geweiht.

Das älteste Bauwerk der Naumburger Geschichte, die der Stadt ihren Namen gebende „Neue Burg", steht nicht mehr. An ihrer Stelle erhebt sich seit 1914/17 das monumentale Gebäude, in dem heute das Oberlandesgericht von Sachsen-Anhalt arbeitet. Die Burg beherrschte von der rund 25 Meter hohen Terrasse das weite Saale-Unstruttal und die das Gebiet durchlaufenden Verkehrswege.

Die Hauptburg lag auf der nach Westen vorgeschobenen Seite des Hochplateaus. Ihre Fundamente wurden beim Bau des Oberlandesgerichts angeschnitten. Östlich davon schloß sich die Vorburg mit dem Suburbium an. Der sie trennende Halsgraben ist heute noch erkennbar. Im westlichen Teil der Vorburg stand die Stiftskirche, die mit dem Bau des Westchores der Domkirche beseitigt wurde. Nach der Verlegung von Bischofssitz und Hochstift wurde die ekkehardingische Burg Residenz der Naumburger Bischöfe. Als unter dem Wettiner Dietrich II. (1244-72) der bischöfliche Sitz wieder in Zeitz eingerichtet wurde, erhielt der Dompropst die Burg zur eigenen Nutzung. 1540 erfolgte eine umfassende Sanierung der baufälligen Anlage, die auf alten Stichen des 17. Jahrhunderts noch zu sehen ist. 1751 ließ sie Propst Johann Adolf von Taubenheim abreißen, um dort ein neues Propsteigebäude zu errichten. Nach dem Übergang an Preußen 1816 wurde es beseitigt und an seine Stelle das erste Naumburger Oberlandesgericht gesetzt. Rund 100 Jahre blieb dieser Gerichtsbau stehen. Dann wurde er abgetragen, um den Platz für das neue Oberlandesgericht zu schaffen, das in den Jahren 1914 bis 1917 unter der Leitung des verdienten Architekten Friedrich Hoßfeld (gestorben 1972) entstand.

Nördlich der Burg lag das Benediktinerkloster St. Georgen. Seine Stiftungsurkunde ist nicht überliefert. Der Tradition zufolge wurde es von Markgraf Ekkehard I. gegründet, der nach seinem Tod 1002 hier beigesetzt wurde. Erstmals erscheint das Kloster 1103 in einer Urkunde des Naumburger Bischofs Walram, als dieser den Georgenmönchen das Anlegen eines Mühlgrabens erlaubte. Von Anfang an war das Kloster reich ausgestattet. 1179 wurde es von Friedrich Barbarossa unter besonderen kaiserlichen Schutz genommen. Eine Lösung von der bischöflichen Gewalt bedeutete das aber nicht. Unter dem thüringischen Landgrafen Ludwig IV. gelang es dem Kloster, die wichtige Vogtei zu erwerben, die bis dahin von den Saalekker Schenken verwaltet worden war.

1492 fügte ein Feuer dem Kloster schweren Schaden zu. Wenige Jahre später fielen Teile der Kirche und des Kreuzganges den Flammen zum Opfer. In dieser Zeit ist der Verfall des mönchischen Lebens trotz Reformversuche nicht mehr aufzuhalten. Der letzte Abt des Klosters Thomas Hebenstreit, ein eifriger Lutheraner und Freund des großen Reformators, richtete in den zerstörten Klostergebäuden eine protestantische Schule für 150 Knaben ein, die nach seinem Tode wieder aufgelöst wurde. Mit der Reformation kam das Ende des Klosters. Seine umfangreichen Güter wurden vom Kurfürsten sequestriert und an die Stadt verkauft. Auf dem Boden des alten Georgenklosters entstand unter der Verwaltung eines vom Kurfürsten eingesetzten Amtmannes die Amtsvorstadt. Sie kam später in die Zuständigkeit des Rates, als die sächsische Landeshoheit ihr Ende nahm.

Nach und nach verschwanden auch die alten Klostergebäude auf dem Georgenberg. 1584 begann der Abbruch der Klosterkirche. Die Kapelle auf dem Gottesacker ließ der Rat 1735 niederlegen. Ein Teil des Kirchengerätes wurde mit kurfürstlicher Genehmigung verkauft und der Erlös für die Instandsetzung der Moritzkirche verwendet.

Nach den Stichen des 17. Jahrhunderts umgab eine starke Ringmauer den Klosterbezirk. Sie war zum Teil mit Zinnen und Schießscharten gesichert. Ein großes Tor wurde von zwei Rundtürmen flankiert, die mit schmalen Schlitzfenstern versehen waren und runde Hauben trugen. Die kreuzförmige Kirche besaß einen Zentralturm über der Vierung und zwei viereckige Türme im Westen. Von ihrer Innenausstattung ist wenig bekannt. Vor dem Hochaltar soll das Grabmal Ekkehards I. und seiner Gemahlin Swanhilde gestanden haben. Ein Chronist des 18. Jahrhunderts sah noch zwei weitere Grabsteine mit lateinischen Inschriften.

In der Vorhalle des Klosters stand eine besondere Taufkapelle für die Hintersassen des Klosters. Bischof Wichmann hatte sie 1151 zur Taufkapelle erhoben und ihr die heutige Georgenstraße als Parochie zugewiesen, wo das Kloster schon seit alters her die weltliche Gerichtsbarkeit ausübte. Neben der Klosterkirche stand eine nicht näher beschriebene Kapelle und außerhalb der Klostermauern erhob sich die Propstei.

Nur kurze Zeit nach der Gründung des Georgenklosters, im Jahre 1028, wurde der Zeitzer Bischofssitz in den sicheren Schutz der ekkehardingischen Burg verlegt. König Konrad II. veranlaßte dies und Papst Johannes XIX. stimmte zu. Ermöglicht wurde die Verlegung von Hochstift und Bischofssitz aber erst durch die beiden markgräflichen Brüder Ekkehard II. und Hermann, die ihre Burg samt den umfangreichen Besitzungen der Kirche stifteten. Die Verlegung des Bistums ist in der Geschichte der mittelalterlichen deutschen Kirchen einmalig.

Bischof Kadaloh stattete, unterstützt von den beiden Markgrafen, den neuen Bischofssitz in den ersten Jahren würdevoll aus. Er veranlaßte auch die Übersiedelung der Kaufleute von der „Gene" nach Naumburg. Als Gegenleistung sicherte er ihnen das freie Handelsrecht (ius gentium) sowie erblichen und zinsfreien Grundbesitz zu. Das wichtigste aber war die Verleihung des kaiserlichen Markt- und Handelsrechts (forum regale) an die junge Gründung unter Kaiser Konrad II. Zu dieser Zeit wurde der locus munitus Naumburg schon Civitas genannt, die Stadt Naumburg.

Noch in der Regierungszeit Konrad II. wurde mit dem Bau der ersten Naumburger Domkirche begonnen. Ihre Weihe erfolgte um das Jahr 1042. Die kreuzförmige Basilika mit Westturmabschluß stand direkt gegenüber der älteren Stiftskirche.

Östlich dieser Siedlungskerne erfolgte im frühen 12. Jahrhundert die planmäßige Gründung der Bürgerstadt. Das Gelände ist altes Siedlungsgebiet. Spuren führen bis in die Bronzezeit und noch weiter zurück. Jüngste Ausgrabungen im Bereich der Salzstraße haben auch die Existenz slawischer Siedler bestätigt.

Von der älteren Domsiedlung, die vom Domkapitel anstelle eines kommunalen Rates verwaltet wurde, war die Civitas räumlich und rechtlich deutlich getrennt. Schon 1305 wird ihr Stadtrat genannt. Seine Wahl erfolgte am Tage Purificatio Mariae. Er besaß die Niedergerichte und seit 1486 auch die hohe Gerichtsbarkeit.

Das erste Rathaus (praetorium) stand am Topfmarkt südlich der 1228 erstmals erwähnten Stadtkirche St. Wenzel. Seit dieser Zeit führte die Bürgerschaft auch ein eigenes Siegel, das die Insignien der Apostel Peter und Paulus - Schlüssel und Schwert - zeigt. Das Befestigungsrecht wird 1238 bestätigt. Es betraf damals noch die Gesamtstadt. 1287 erhielt die Bürgerschaft aber das Recht, ihr Gemeinwesen mit einem eigenen Befestigungswerk, mit Mauern, Türmen, Toren, Gräben und Wällen zu sichern. Damit grenzte sie sich bewußt von der Domfreiheit ab, wo nicht allgemeines Bürgerrecht, sondern Nachbarrecht galt. Die Befestigung setzte der Stadt für Jahrhunderte feste Grenzen. Die ältesten Straßen werden in dem ersten städtischen Geschoßbuch von 1314 genannt. Vor den Toren - außerhalb der Altstadt - lagen lediglich die Klöster mit ihren Ansiedlungen sowie die Hospitäler, die vorrangig der Aussätzigenpflege dienten. Naumburg zählte damals nicht mehr als 3000 Einwohner.

Herr über das gesamte städtische Gemeinwesen war aber der Bischof. Ihm standen die Rechte der öffentlichen Gewalt zu, namentlich das Münz-, Zoll-, Markt- und Befestigungsrecht. Er bestätigte die Ratswahlen und nahm dafür die Huldigung der Bürgerschaft entgegen. In der Ratsstadt unterhielt er sogar ein eigenes Gefängnis und einen Richter, dem ein bedeutender Teil der Rechtspflege zustand.

1337 wird das Naumburger Stadtrecht erstmals umfassend überliefert. Damit endete eine Reform in der städtischen Gesetzgebung, die mit den großen Auseinandersetzungen um Sitz und Stimme im Rat im Jahre 1329 ihren Höhepunkt hatte. Im Ergebnis damals zogen "sechs von den Armen" in den Ratsstuhl.

Im Jahre 1432 wurde Naumburg im Städtebündnis der Hanse aufgenommen. Die Stadt stand auf dem Gipfel ihrer wirtschaftlichen und politischen Macht. Grundlage dieser Entwicklung war ein ausgedehnter Warenhandel in den Messetagen. Die Naumburger Peter-Pauls-Messe zählt zu den ältesten und bedeutendsten Messen Deutschlands. Gehandelt wurde mit Tuchen, Stoffen, Pelzen und Garn, mit Getreide, Hopfen und Waid, mit Wein und Bier. Der Naumburger Waidhandel wird schon 1305 als "gewaltig und stark" beschrieben. Hohes Ansehen genoß ebenfalls das Naumburger Bier, der "Thüringer Malvasier". Es war privilegiert und durfte auch ins Ausland ausgeführt werden. In das Jahr 1432 fällt auch die sagenhafte Belagerung der Stadt durch die Hussiten. Kindlicher Fürbitte ist es gelungen, die Zerstörung der Stadt zu verhindern und die Hussiten zum Abzug zu bewegen. Aus diesem Anlaß wird seither alljährlich im Sommer das Naumburger Kirschfest gefeiert.

In der Zeit des großen wirtschaftlichen Aufschwungs entstanden die wichtigsten Bauten der Stadt. Die seit 1348 überlieferten Ratsrechnungen berichten ausführlich von den kostspieligen Baumaßnahmen. Abgesehen von den in reicher Zahl errichteten Bürgerhäusern wurden die wichtigsten Gemeinschaftsbauten erneuert, die Stadtkirche und das Rathaus neu aufgeführt und die Befestigungsanlagen erweitert bzw. modernisiert. Nur weniges davon hat die Jahrhunderte überdauert. In den Flammen von 1457 und 1483, von 1517 und 1532 ging fast der gesamte Bestand mittelalterlicher Bausubstanz verloren. Die Jahre danach formten den Stilcharakter der alten Stadtteile und gestalteten die Häuserfronten am Marktplatz in ihrer jetzigen Form.

Mehr als 500 Jahre stand Naumburg unter der Herrschaft seiner Bischöfe. Diese Sonderstellung von Stadt und Bistum beendete endgültig die Reformation. Die politische Führung des städtischen Gemeinwesens ging an den Kurfürsten, den weltlichen Landesherrn über. 1542 wurden die Ratswahlen erstmals von ihm bestätigt. In dem Jahr war auch das alte Domgymnasium in eine evangelisch-humanistische Gelehrtenschule umgewandelt worden. Mit dem Tode des letzten Naumburger Bischofs im Jahre 1564 schied die Stadt für immer aus der Reihe der katholischen Bistümer. Das Hochstift Naumburg gehörte zu Kursachsen, blieb aber weiterhin reichsunmittelbares Gebiet. Ein postulierter Administrator aus dem kursächsischen Hause übernahm nun die weltliche Verwaltung des Stifts, das durch Personalunion mit Sachsen verbunden war und nur noch ein blasses Dasein führte.

Die Errichtung des selbständigen Herzogtums Sachsen-Zeitz war für die Stadt von gewisser Bedeutung. Von 1653 bis 1683 diente Naumburg dem Sonderherzogtum als Residenz. Danach wurde aus der einst blühenden Metropole des Landes eine kursächsische Provinzstadt, die immer mehr an Bedeutung verlor. Schweres Leid brachte der Dreißigjährige Krieg (1618-48) der Stadt und dem Stift. 1636 wurde Naumburg so unbarmherzig geplündert, daß "fast niemand nicht mehr hat, als wie ein jeder geht und steht". Im Ergebnis der Kämpfe war die Stadt völlig verarmt.

Die Jahre danach berührten den mittelalterlichen Charakter der Stadt kaum. Nur wenige bemerkenswerte Bauten entstanden. Vieles fiel den Stadtbränden 1714 und 1716 zum Opfer, so das durch den Landbaumeister Gengenbach errichtete Opernhaus an der Neustraße. Der Wiederaufbau bezog sich auf ganze Stadtteile und gestaltete diese zum Teil nachhaltig.

Mit dem Wiener Kongreß 1814/15 kam die Stadt zu Preußen und erhielt mit Kabinettsorder vom 21. Februar 1816 das Oberlandesgericht der neu gebildeten preußischen Provinz Sachsen. Die Aufgaben der Stiftsregierung, der Naumburg bisher unterstellt war, übernahmen die preußischen Staatsbehörden. Damit endete die Sonderexistenz des Stiftsgebietes Naumburg-Zeitz für immer. An die Stelle der im März 1816 aufgelösten Stiftsregierung trat nun die königlich-preußische Regierung in Merseburg. Die Verwaltung der Stadt wurde nach preußischem Vorbild umgestellt und fand mit der feierlichen Einführung der Steinschen Städteordnung ihren Höhepunkt. Die Repräsentanten der Bürgerschaft, die Stadtverordneten, waren für alle Stadtteile zuständig, die unter eine gemeinsame Verwaltung gestellt wurden. Äußerlich zeigte sich die Einführung der preußischen Städteordnung im rigorosen Niederlegen ganzer Teile der alten Befestigungsanlagen. Von den fünf Stadttoren blieb nur das mittelalterliche Marientor stehen. Die Domfreiheit verlor in dieser Zeit alle ihre Tore.

Mit dem Anschluß an die Thüringer Eisenbahn im Jahre 1846 war zunächst nur eine geringe Erweiterung des bebauten Stadtgebietes verbunden. Eine Straßenbahnverbindung zu dem vom Zentrum der Altstadt einige Kilometer entfernten Bahnhof gab es erst seit 1892. Anders auf das räumliche und architektonische Bild der Stadt wirkte sich die hohe Präsenz von Militär, Justiz und Verwaltung aus. In rascher Folge wurden zahlreiche Kasernen des preußischen Militärs und Verwaltungsbauten der Staatsbehörden errichtet. An den Außenbezirken der Stadt entstanden neue Villenviertel und Wohnsiedlungen. Nach 1871 dehnte sich die Stadt verstärkt in Richtung Süden zum Bürgergarten, nach der Vorstadt Grochlitz und nach Westen in Richtung Almrich aus. Der Bau eines neuen Bahnhofs im Osten der Stadt ließ dort einen weiteren Stadtteil mit Wohnhäusern und Betrieben entstehen.

Von großer Bedeutung für die städtebauliche Entwicklung Naumburgs waren die Jahre nach 1919/20. Unter anderem entstanden die großzügig angelegte Wohnsiedlung auf dem Spechsart, die Häusergruppen am Moritzplatz und am Lindenhof sowie danach die Wohnsiedlungen an der Kösener Straße und am Flemminger Weg. Am Stadtrand wurden weitere Kasernen und Industriebetriebe errichtet.

Im April 1945 erlitt Naumburg schwere Schäden durch anglo-amerikanische Fliegerangriffe. Teile der Innenstadt im Bereich der Priestergasse (heute Gutenbergstraße) und der kleinen Salzgasse wurden dabei völlig zerstört. Der Wiederaufbau beeinträchtigte den Altstadtcharakter in diesen Gebieten erheblich. Die Vernachlässigung wertvoller Altstadtsubstanz führte in den Folgejahren zum Verlust unersetzbarer Einzeldenkmale und Anlagen.

Im Herbst 1991 wurde Naumburg in das gesamtdeutsche Vorhaben zur Städteförderung (Modellstadt Naumburg) aufgenommen, was dem hohen Denkmalwert entspricht. Die Jahre danach waren nicht ganz unproblematisch für die fast 1000 Jahre alte Stadt. Im Vordergrund der umfassenden Erneuerungen standen aber immer die Bemühungen um Erhaltung der geschichtsträchtigen Kerne in ihrem räumlichen, historischen und architektonischen Zusammenhang.

Dom St. Peter und Paul

Der erste Naumburger Dom wurde nach der Verlegung des Zeitzer Bistumssitzes hierher errichtet und um 1042 geweiht. Das Patrozinium war das der Mutterkirche in Zeitz. Die Insignien der Schutzpatrone Peter und Paul fanden sich später auch im Stadtwappen wieder.

Die Fundamente der ersten Naumburger Bischofskirche haben sich innerhalb des spätromanischen Doms nachweisen lassen. Gesicherte Kenntnisse brachten vor allem die archäologischen Untersuchungen in den Jahren 1961 bis 1965. Danach war die erste Naumburger Kathedrale eine dreischiffige, kreuzförmige Basilika mit durchlaufendem Querhaus, Vierung, Chorquadrat, Apsis und Westtürmen. Die einzige Krypta lag unter dem Westchor. Die Maße des ottonischen Doms waren insgesamt beträchtlich. Die Gesamtlänge betrug mehr als die Hälfte der heutigen Domkirche, in der Breite blieb er sogar nur um Mauerstärke hinter der seines Nachfolgers. Die Türme des frühromanischen Doms standen denen der ekkehardingischen Stiftskirche von 1021 unmittelbar gegenüber. Später wurden beide Kirchen zu einem Bauwerk vereint. Mehr als 100 Jahre blieb der erste Naumburger Dom in seiner Gestalt unverändert. Dann setzten unter Bischof Udo I. um 1160/70 umfangreiche Bauarbeiten ein. Sie führten zur Errichtung einer Krypta, wodurch zwangsläufig auch der gesamte östliche Chorraum umgestaltet werden mußte. Wurden die westlichen und östlichen Teile der Krypta mit dem spätromanischen Neubau beseitigt, blieb der Mittelraum bis heute erhalten. Er besteht aus drei Schiffen zu je drei Jochen. Das Gewölbe wird von sechs Freisäulen auf attischen Basen mit Eckhülsen sowie von vier Wandsäulen getragen. Die Würfelkapitelle der Säulen sind mit Palmettendekor und Diamantbändern verziert. In ihrer Ausführung zählen sie zu den besten Leistungen hochromanischer Bauornamentik.

Etwa 200 Jahre später wurde mit dem Bau der heutigen Domkirche begonnen. Auftraggeber und Bauherr war der Naumburger Bischof Engelhard (1207-42). Er ließ den Bau bis auf den frühgotischen Westchor und den hochgotischen Ostchor aufführen. Die Kreuzgänge und Klausuren wurden ebenfalls erst später an beiden Seite der Domkirche angelegt. Die erste Bauplanung sah zunächst nur ein Langhaus mit Quadratpfeilern in hirsauisch-sächsischer Tradition vor. Davon stammen noch die östlichen Vierungspfeiler mit den darüber aufsteigenden Lisenen und den Vorsprüngen über den Arkadenbögen. Später entschied man sich für eine Bündelpfeilerbasilika mit Wölbung, die im ganzen einheitlich aufgeführt wurde. Sie zeigt deutlich den rheinischen Einfluß. Zuerst entstanden die Ostteile mit der Vorkrypta und dem Ostlettner, das Querhaus mit der Vorhalle sowie die romanischen Geschosse der Türme. Auch die Apsiden an den Osttürmen gehören diesem Bauabschnitt an, der mit der Weihe am 25. Juni 1242 seinen Abschluß fand. Die Gliederung der romanischen Bauteile übernehmen Lisenen, Rundbogenfriese und Rundbogenfenster mit zum Teil eingestellten Ecksäulchen. Lediglich die Westtürme bilden eine Ausnahme. In ihren unteren Geschossen, die um 1230/40 entstanden, sind gewölbte Kapellen mit kleinen Altarnischen eingerichtet. Sie zeigen spätromanische Bauformen.

Das wenige Jahre zuvor errichtete Hauptportal wurde an der Stirnseite des südlichen Querhauses untergebracht. Der für ein Hauptportal ungewöhnliche Platz war durch die Doppelchörigkeit der Anlage vorgegeben. Ursprünglich sollte das Portal im Freien stehen. Später entschied man sich für eine Vorhalle, die zwischen zwei, nicht axial liegenden Bauten vermittelt. Dadurch entstanden wohl die eigenwilligen Knicke in den Gurt- und Schildbögen der Vorhalle. Das Material des mehrstufigen Säulenportals ist Kalkstein, nur die Säulenschäfte bestehen aus Sandstein. Die in den Rücksprüngen des Gewändes eingestellten vollplastischen Säulen wurden mit vorzüglichen Adler- und Blattrankenkapitellen dekoriert. Ihre Zusammenfassung als durchlaufender Fries erfolgte auf jeder Gewändeseite einheitlich. Das Bogenfeld über dem Portal zeigt eine Darstellung des segnenden Christus mit den Gesetzestafeln in einer Mandorla, die von zwei Engeln getragen wird. Das archaisch anmutende Relief war ursprünglich farbig gestaltet.

Auch der Ostlettner entstand noch in spätromanischer Zeit. Er ist der älteste vollständig erhaltene Hallenlettner auf deutschem Boden. Er grenzt den Chor, den Raum für die Geistlichkeit, vom Langhaus, dem Raum für die Laiengemeinde, ab. Die kreuzgratgewölbte Halle mit drei Jochen wird von vier Bündelsäulen und doppelten Wandsäulen getragen. Der Schmuck der Kapitelle ist von vorzüglicher Qualität. Die Türen an beiden Seiten der Rückwand des Lettners führen in den Ostchor. Sie wurden nur zu besonderen Anlässen geöffnet. Die Bemalung der Türblätter mit den Schutzpatronen der Kirche ist im 16. Jahrhundert erneuert worden. Auch die Blendarkaden mit den Heiligenbildern

sind nicht mehr alter Bestand. Die Kanzel am Mittelschiffspfeiler der Südseite datiert inschriftlich von 1466. Sie kam 1941 wieder an diesen Platz, nachdem sie in der Werkstatt des Landeskonservators in Halle restauriert worden war. Die meisten Teile der Kanzel sind neu. Lediglich die Relieftafeln mit dem Jesusknaben, den Heiligen Augustinus und Gregor sowie Teile des Korbrahmens gehören der Entstehungszeit an.

Von den zahlreichen Grabdenkmälern lagen mehrere über den Gräbern im Fußboden der Kirche. Besonders sehenswert sind die Grabsteine des 1391 verstorbenen Propstes Bruchterte im südlichen Seitenschiff und seines Amtsnachfolgers Johann Eckartsberge, der 1406 gestorben ist. Beide zeigen den Einfluß der Westchorplastik und sind wohl vom gleichen Meister geschaffen worden. Die Grabfigur des "Kirschfestbischofs" Gerhard von Goch (gest. 1422) im nördlichen Seitenschiff gehört dem sogenannten Weichen Stil an. Aus der Nürnberger Vischer-Werkstatt stammt die Bronzeplatte des Domherren Rudolf von Bünau (gest. 1505). Sie zeigt ausgezeichnete Gravierungsarbeiten. Ihre Inschrift fordert zum Memento mori auf.

Von den einst zahlreichen Altären der Domkirche sind heute nur wenige zu sehen. Ein Teil wird wohl in der Reformationszeit entfernt worden sein oder fiel dem großen Dombrand 1532 zum Opfer. Das Retabel auf dem Hieronymusaltar mit der Kreuzigung Christi im südlichen Seitenschiff stammt aus der Zeit um 1350 und gehörte ursprünglich zu einem anderen Altar. Der gemalte Flügelaltar im nördlichen Seitenschiff ist um 1520 vollendet worden. Seine Mitteltafel mit der Bekehrung Pauli wird Georg Lemberger zugeschrieben.

Die Ostteile des Doms vom Kreuzgang aus

Detail des Westlettners (Handwaschung des Pilatus)

Die kleinen Fenster in den Seitenschiffen wurden erst zu Beginn unseres Jahrhunderts dunkel verglast. Ebenso sind die Fenster im Obergadenbereich des Mittelschiffes eine moderne Zutat. Im Mittelalter besaßen natürlich auch diese Fenster farbige Scheiben. Von der alten Ausmalung des Kirchenraumes ist heute nichts mehr zu sehen. Geringe Spuren einer alten Farbfassung haben sich bei den großen Instandsetzungen in den sechziger Jahren nachweisen lassen.

Das Langhaus endet vor dem Westlettner. Er ist ein Werk der frühen Gotik und wurde zusammen mit dem Westchor errichtet. Zuvor gab es allerdings noch Auseinandersetzungen innerhalb des Domkapitels um den weiteren Ausbau der Kirche. Im Jahre 1249 rief Bischof Dietrich II. in einem Sendschreiben die Gläubigen seiner Diozese dazu auf, das begonnene Werk fortzuführen und es durch Spenden zu unterstützen. Dafür sicherte er ihnen die Vergebung ihrer Sünden und die Aufnahme in eine Gebetsbruderschaft (generalis fraternitas) zu. Daraufhin wurde von 1250 bis gegen 1260 der gesamte Westchor mit der Lettnerwand errichtet. Ein genauer Zeitpunkt seiner Vollendung und Weihe ist jedoch nicht bekannt. Der Westchor diente als Sekundarstift, dessen Geistliche später ausgesiedelt wurden und als Ersatz die südlich vom Dom liegende Marienkirche zugewiesen bekamen. Ihren wichtigsten liturgischen Verpflichtungen mußten sie aber weiterhin im Westchor nachkommen.

Die Leitung der Arbeiten am neuen Chor lag in den Händen eines Baumeisters und Bildhauers, der in die Kunstgeschichte als "Naumburger Meister" einging. Während seiner Lehrjahre in Frankreich hatte er in den großen Hütten von Reims, Straßburg, Metz, Amiens und Noyon gearbeitet. Anschließend gestaltete er den Lettner im Mainzer Dom, der mit der Naumburger Plastik die größte Ähnlichkeit aufweist. In Naumburg wirkte er in Gemeinschaft mit einer Baugenossenschaft, einer Bauhütte, weshalb man von eigenhändigen Werken des Naumburger Meisters und von Werkstattarbeiten spricht.

Der Westchor ist ein Meisterwerk frühgotischer Architektur. Seine geradezu klassische Ausgewogenheit besteht in dem Verhältnis von Senkrechten und Waagerechten. Das Gewölbe des Chores wird von sechs Strebepfeilern abgestützt, deren tabernakelartige Bekrönung Wasserspeier in Gestalt von Kühen, Tigern, Bären und Nonnen schmücken, Arbeiten des Naumburger Meisters und seiner Werkstatt. Im Innenraum leiten kräftige Dienstbündel die Last der Gewölbe auf stark ausgebildete Sockel ab. Auch hier herrscht die Ausgewogenheit der Gliederungselemente. Licht dringt in den Chorraum durch fünf im Polygon eingestellte Fenster, von denen drei der Bauzeit angehören. In Ihrer Form vertreten sie eine besondere Variante des Zackenstils. Sie zählen zu dem wertvollsten Bestand mittelalterlicher Glasmalerei in Deutschland. Mit den farbig gefaßten Stifterfiguren sind die Fenster in unvergleichlicher Weise vereint.

Der Westchor wurde weltbekannt durch die Figuren der zwölf Stifter. Ihre Namen erscheinen fast alle in der Urkunde von 1249. Die meisten von Ihnen sind im Gelände der heutigen Domkirche begraben. Mit dem Neubau der Domkirche und des Westchores wurden die Grabstätten aufgegeben und beseitigt. Als Ersatz schuf man lebensgroße Gedächtnisgrabsteine und stellte sie innerhalb des liturgischen Totengedenkens in etwa vier Meter Höhe vor dem Laufgang auf. Die Hauptstifter mit ihren Gemahlinnen haben einen besonderen Platz im Chor erhalten: Markgraf Ekkehard II. und seine Gemahlin Uta vor dem nördlichen Dienstbündel, ihnen gegenüber Markgraf Hermann und Regilindis, einer Tochter des Polenkönigs Boleslaw Chrobry. Im Polygon, das aus fünf Seiten eines Achtecks besteht, fanden die Standbilder der Grafen Dietmar, Syzzo, Wilhelm und Thimo Platz. Ihre Namen sind auf den Schilden überliefert. Das fensterlose Chorquadrum nahm die Figuren der Grafen Konrad und Dietrich sowie der Gräfinnen Gepa und Gerburg auf. Eine exakte Identifizierung dieser Standbilder ist aber bisher nicht gelungen. Die Naumburger Stifterfiguren gehören sämtlich dem deutschen Hochadel an. Ihre Aufstellung als "Laien" in einem Chor, der sonst Heiligen vorbehalten blieb, ist einmalig.

Die Bemalung der Bildwerke ist nicht mehr ursprünglich, sondern stammt von einer Erneuerung im 16. Jahrhundert. Reste der alten Farbfassung haben sich aber nachweisen lassen. Sie berechtigen zur Annahme, daß die Bemalung der Figuren eine künstlerische Leistung von Rang war. Die Standbilder sind fest mit dem jeweiligen Dienststück des Chorraumes verbunden. Lediglich zwei Figuren stehen vor der flachen Wand im Chorquadrum. Die Einbindung vollplastischer Skulpturen als tragende "Bildsäulen" in dem Chor ist eine meisterhafte Arbeit der verantwortlichen Baumeister und Bildhauer aus der Naumburger Werkstatt.

Den Abschluß der Arbeiten am Westchor bildete wahrscheinlich die Errichtung des Lettners. Sein hoher Wert liegt in der einzigartigen Verknüpfung von Architektur, Plastik und Ornament. Die Kapitelle an der Wand zählen zu den schönsten, die die frühe Gotik hervorgebracht hat. Sie entstanden aus Muschelkalk des Unstruttales. Alle Pflanzenformen sind botanisch identifizierbar. Sie sind "mehr als Natur" (J. Jahn). Man findet neben Weinlaub Haselnußblätter, Lerchensporn und Beifuß. Die Bilder an der Lettnerbrüstung erzählen die Passion Christi. Sie zeigen von Süden beginnend das Abendmahl, die Auszahlung der Silberlinge, die Gefangenschaft, die Verleugnung des Petrus, eine Wächterszene und die Handwaschung des Pilatus. Die beiden letzten Bilder sind barocke Ergänzungen in Holz nach altem Vorbild.

Dramatischer Abschluß der Leidensgeschichte ist der Tod Christi am Kreuz, begleitet von Maria und Johannes am Gewände des Portals. "Noch nie zuvor ist der Gekreuzigte in der Kunst so menschlich nahe gebracht worden" (P. Hinz). Eine ganz neue Vorstellung vom Menschen Christus fand am Naumburger Westlettner Gestalt. Er ist nicht mehr der Triumphator, wie er bisher idealisierend und zeitenthoben präsentiert wurde, sondern der Menschenbruder Christus, der am Kreuz einen grausamen Tod erleidet mit einem vom schweren Todeskampf gezeichneten Antlitz. Auch die Gottesmutter Maria und der Apostel Johannes zeigen tiefsten menschlichen Schmerz. Beide Figuren stehen frei vor der Schrägfläche ihrer Gewände, die jeweils begrenzt sind von zwei Säulen mit qualitätvollen Kapitellen.

Die Aufstellung der Kreuzigungsgruppe im Lettnerportal ist für diese Zeit ungewöhnlich, hing sie bis dahin normalerweise hoch oben im Triumpfbogen über der Chorschranke. In Naumburg wird sie auf den Boden herabgeführt. Der Mittelpfosten des Portals

Die Dreikönigskapelle

Wasserspeier am Ostchor

Westlicher Kreuzgangarm

bildet den Kreuzstamm, der Türsturz den Kreuzbalken. Wer also den Chor betreten will, muß unter den ausgebreiteten Armen des Gekreuzigten hindurchgehen. Das Giebelfeld über dem Portal zeigt in Fresko und Stuck den Weltenrichter zwischen Engeln mit den Arma Christi, den Leidenswerkzeugen. Die Umschrift im Vierpaß bezieht sich auf das jüngste Gericht.

Etwa 80 Jahre nach Vollendung des Westchores wurde nach seinem Vorbild das hochgotische Polygon des Ostchores errichtet. Der aufwendig gestaltete Chorabschluß folgt mit seinen schlanken Diensten und Gewölberippen hochgotischen Architekturvorstellungen. Der Kapitellschmuck mit den locker aufgelegten Blättern erscheint schon sehr stilisiert. Die Gesamtwirkung des Raumes wird jedoch wesentlich von den hohen Fenstern bestimmt, von denen die beiden Scheitelfenster noch der Bauzeit angehören. Die sich nördlich und südlich anschließenden Fenster stammen von 1420/30. Unter der Ausstattung des Ostchores finden sich einige Werke von Rang. Ein Teil davon kam allerdings erst nachträglich in den Ostchor. Hierzu zählen auch die hölzernen Pulte für die schweren Meßbücher, die wohl in den sechziger Jahren des 13. Jahrhunderts entstanden. Aus dieser Zeit stammt auch der großartige Viersitz an der Südwand des Chores. Der Dreisitz an der Innenseite des Ostlettners gehört der Zeit um 1430/40 an. Sein hohes Dorsale zeigt in drei Feldern eine Darstellung von Christus, Petrus und Paulus. Etwas jünger ist mit einer Entstehungszeit gegen 1500 das Domherrengestühl an den Längswänden.

Die Altarschauwand vor dem Polygon des Ostchores stammt inschriftlich von 1567. Als ihr Stifter wird Peter von Neumarck genannt. Er war der letzte katholische Dechant der Naumburger Domkirche. Die Altarwand vereint zeitgemäße Renaissanceformen mit spätgotischen Motiven. Sie ist ein Werk des Erfurter Bildhauers Koberlein und des Meisters HW, denen Matthes Steiner als Gehilfe zur Seite stand. Ein Meisterwerk von Rang ist das Rankentympanon mit dem Gotteslamm am Portal zum Nordostturm. Es entstand in spätromanischer Zeit. Etwas jünger ist das Deesis-Tympanon an der Nordseite des Chorraumes. Die unvollendete Arbeit zeigt deutlich den Einfluß der Westchorplastik. Das Relief war offensichtlich für eine andere Stelle vorgesehen. Auch die Grabtumba für den Naumburger Bischof Dietrich II. (1244-73) erinnert an den Naumburger Meister. Die eindrucksvolle Liegefigur ist ein Spätwerk der Naumburger Werkstatt und den Standbildern im Meißner Dom sehr verwandt. Ebenfalls zu den späten Arbeiten aus der Naumburger Werkstatt zählt die lebensgroße Steinskulptur des Diakons. Sie diente als Pulthalter. Die Wirklichkeitsnähe der Skulptur ist erstaunlich und beeindruckend zugleich.

Die Dreikönigskapelle südlich vom Ostchor wurde um 1420 errichtet. Ihr romanischer Vorgängerbau war nur wenig kleiner und entstand wohl als bischöfliche Privatkapelle im frühen 11. Jahrhundert. Die Skulpturen an der Fassade zeigen die Mutter Maria mit dem Kinde sowie die Drei Heiligen Könige und darunter vollplastische Brustbilder von Propheten.

Im Jahre 1532 wurde die Domkirche durch Feuer stark beschädigt. Bei den großen Instandsetzungen von 1895 waren die Brandspuren noch zu sehen. Den Flammen fiel auch die Marienpfarrkirche an der Südostecke der Klausur zum Opfer. Erhalten blieb nur ihr gotischer Chor, der wohl um 1343 vollendet wurde. Er besteht aus fünf Seiten eines Achtecks mit zwei Jochen und einem sternförmigen Rippengewölbe. Die zum Teil nach innen gezogenen Strebepfeiler treten außen als kräftig ausgebildete Lisenen in Erscheinung. Der figürliche und pflanzliche Schmuck stammt aus der Bauzeit und ist teilweise sehr phantasievoll. Die beiden östlichen Schlußsteine zeigen das Brustbild eines Salvador mundi sowie ein Symbol der Trinität in der Gestalt von drei Löwen mit gemeinsamem Kopf. Die zweigeteilten Fenster sind sehr tief herabgeführt und mit einem eigenartigen Maßwerk gefüllt. Die Marienkirche war ursprünglich Pfarrkirche der Domgemeinde. Ihre ältesten Teile reichen in die Zeit der Errichtung des Naumburger Bischofssitzes zurück. Sie ist somit die älteste Naumburger Pfarrkirche, obgleich ihre erste urkundliche Erwähnung sehr spät im Jahre 1247 geschah. St. Marien unterstand unmittelbar der Naumburger Kathedrale. 1329 wurde die Kirche dem Dom zur freien Verfügung des Naumburger Domkapitels inkorporiert. Dies beeinträchtigte weder die Geistlichkeit noch die Einkünfte der Marienkirche. 1343 wurde sie zum Kollegiatstift erhoben. Ihre Kanoniker erhielten auf diese Weise Sitz und Stimme im Kapitel (votum in capitulo). Trotz dieser Entwicklung hat die Kollegiatkirche St. Marien als geistliche Institution kaum jemals Bedeutung erlangt. Auffällig ist, daß die im Brand zerstörte Kirche nicht wie andere Teile der Domanlage wieder aufgebaut wurde. Bis zum 19. Jahrhundert blieb sie als Ruine liegen. In demselben Jahrhundert wurde auch das Stift aufgehoben. Die Stelle des 1532 zerstörten (vermutlich dreischiffigen) Langhauses der Marienkirche nahm 1895 ein historistischer Saalbau ein, der zuerst als Turnhalle des Domgymnasiums, später auch als Schulaula und Winterkirche diente.

Der nach 1244 angelegte Kreuzgang erlitt bei dem Brand von 1532 ebenfalls schweren Schaden. Nur ein Teil des Kreuzganges wurde wieder aufgebaut. Ursprünglich war die ganze Anlage geschlossen, sie besaß also vier Kreuzgangtrakte, die mehrfach umgebaut und verändert wurden. Der Nordflügel des Kreuzganges, der mit seinen zehn Jochen vom östlichen Querhaus bis zum Südwestturm reicht, entstand in spätromanischer Zeit nach 1244. Bei einer spätgotischen Erneuerung wurden die Gurte gekehlt und die Wandsäulen durch kunstvolle Laubkonsolen ersetzt. Der West- und der Südflügel sind spätgotisch. Von der Nordklausur mit dem Kreuzgang sind nur noch die alten Anschlüsse erkennbar. Die Anlage zweier Kreuzgänge war in Naumburg erforderlich, weil der Dom von der Mitte des 13. Jahrhunderts an zwei geistliche Körperschaften aufnahm.

Nach dem Brand von 1532 erhielten die Osttürme neue Geschosse und im 18. Jahrhundert barocke Hauben mit Laternen. Der Helmaufsatz des Nordwestturmes sowie die "gotischen" Geschosse des Südwestturmes wurden erst im späten 19. Jahrhundert vollendet. Damals wurden auch die Dachbrüstung erneuert und die Skulpturen der Wasserspeier ergänzt.

Letzte große bauliche Zutat war die Errichtung eines Torhauses zwischen der Dreikönigskapelle und der Marienkirche in den Jahren 1939/40. An dieser Stelle stand bis zur Jahrhundertwende ein barocker Verwaltungsbau - das freiheitische Rathaus - des Domkapitels.

Die Ägidienkurie

An der Nordostseite des Domplatzes, gegenüber dem Oberlandesgericht, steht die Ägidienkurie. Sie gehört zu den ehemals zahlreichen Kurien und Freihäusern, die den Domherren und Kapitularen als Wohnbauten dienten und meist private Andachtskapellen besaßen.

Von der Curia Aegidii blieb der romanische Kapellenbau erhalten. Er überstand weitgehend unbeschadet den großen Brand von 1532, während danach die anderen Teile der weitläufigen Anlage unter Einbeziehung erhaltener Baureste neu entstanden. Den architektonisch wertvollen Hauptbau an der Straßenseite brach man jedoch 1894 ab und ersetzte ihn durch das heutige zweigeschossige Gebäude.

Die Kapelle der Kurie, ein turmartiger Würfelbau mit Zeltdach, entstand etwa zeitgleich mit den spätromanischen Teilen der Domkirche zu Beginn des 13. Jahrhunderts. Das quadratische Untergeschoß ist fast ohne Gliederung, nur die Südfront besitzt ein Rundbogenfenster sowie ein späteres Spitz-

Ägidienkurie

Ekkehard-Brunnen auf dem Domplatz

bogenfenster. Das Innere des unteren Geschosses überdecken vier Kreuzgratgewölbe auf Mittelpfeilern mit zierlichen Ecksäulchen. Das etwas zurückgesetzte Obergeschoß zeigt noch Reste eines romanischen Rundbogenportals mit zum Teil erhaltenem Tympanon. Später kam an diese Stelle ein gotisches Vorhangbogenfenster. Bis dahin führte wohl eine hölzerne Freitreppe zum Obergeschoß. Hier befindet sich auch die eigentliche Kapelle der Ägidienkurie. Die reiche architektonische Ausstattung entspricht ihrer Bedeutung als Andachtsraum. Auf dem durchlaufenden Sockel stehen acht Wandsäulen, die durch Rundbögen miteinander verbunden sind. Das achtteilige Kuppelgewölbe gliedern kräftige Rundstabrippen. Die Westwand zeigt ein Vierpaßfenster mit innerem Rundstab. Basen und Kapitelle ähneln mit reizvollem Dekor denen der spätromanischen Ostteile der Domkirche. Die Altarnische in der Ostwand wird durch Fresken betont, von denen Reste übrig geblieben sind, so die Engelsfigur mit Weihrauchgefäßen in den Zwickeln des Apsisbogens.

Die Wirtschaftsgebäude an der Hofseite stammen teils noch aus romanischer und spätgotischer Zeit. Sehenswert ist das Sitznischenportal mit Baldachinen voller Maßwerk und Fialen an der Ostseite.

Die Bischofskurie

Die östlich vom Dom stehende Kurie, die sogenannte Bischofskurie (Curia episcopalis), ging samt ihren Wirtschaftsgebäuden in den Flammen von 1532 unter. Der Wiederaufbau begann erst Jahre später unter dem letzten katholischen Bischof von Naumburg. Nach seinem Tode im Jahre 1564 übernahm Domdechant Johann von Krakau die Fertigstellung, die 1581 erfolgte. Unter Benutzung erhaltener Teile der Vorgängerbauten entstand ein schlichter zweigeschossiger Wohnbau der späten Renaissance. Seine leicht geschweiften Giebel wurden sparsam mit Pilastern, Lisenen und Simsen gegliedert.

In den Hof führt ein großes Tor und seitlich daneben eine schmale Pforte mit Kleebogenschluß. Im Gewände sind Birnstab zwischen Kehlen angeordnet. Auch der eigenwillig gestaltete Aufsatz darüber gehört dieser Zeit an. In dem jetzt freien Feld befand sich ursprünglich eine Holztafel mit Inschriften und Wappen. Im Hof der Bischofskurie steht als ihr wehrhafter Kern ein im Grundriß quadratischer, viergeschossiger Wohnturm. Seine ältesten Teile reichen bis in die Frühzeit des Bistums um 1050 zurück. Wozu der Turm diente, ist unbekannt. Möglicherweise wohnte der Bischof zeitweilig hier, bis er die ekkehardingische Burg in Besitz nehmen konnte. Die unteren Geschosse des wehrhaften Turms sind kreuzgratgewölbt. Die starken Wände werden nur durch schmale Schlitzfenster unterbrochen. Der ursprüngliche Eingang lag im zweiten Turmgeschoß. Von hier aus gelangte man über eine Treppenspindel in einer vorgebauchten Mauer bis in das Dachgeschoß. Die Eingangstür an der Hofseite ist spätgotisch gestaltet. Das Gewände mit Konsolen und Muschelnischen zeigt Rundstäbe zwischen Kehlen. Die Inschriftentafel über der Tür berichtet aus der Baugeschichte des Hauses. Darunter ist ein Steinmetzzeichen in klarer geometrischer Form eingearbeitet.

Domplatz mit Ekkehard-Brunnen

In einiger Entfernung vom Dom standen ursprünglich zahlreiche Freihäuser und Wohnbauten (Curiae) der Domherren. Meist waren es fest ummauerte Höfe mit Wirtschafts- und Gesindehäusern sowie einem palastähnlichen Wohnbau, der mit einer Privatkapelle versehen war. Für die älteren Anlagen ist die Ägidienkurie heute noch ein gutes Beispiel. Die anderen Kurien wurden im 18. Jahrhundert umgebaut oder von Grund auf erneuert. Den Anlaß dazu gaben die Stadtbrände von 1714 und 1716. Auch das stattliche Wohnhaus Domplatz 5 wurde nach dem Brand von 1716 neu erbaut und 1724 fertiggestellt. In seinem Risalitgiebel ist ein prächtiges Familienwappen zu sehen.

Die Neue Dompropstei (Domplatz 3) entstand erst 1873. An dieser Stelle lag die alte Curia iuxta oder auch nach der 1808 abgerissenen Martinskapelle Prope capellam Martini genannt. Sie war durch den Domdechanten Heinrich von Gleißenthal erneuert worden. Von ihr stammen noch die beiden Inschriftentafeln in der Toreinfahrt des Hauses.

Hinter dem Westchor erhob sich die Curia retro novum chorum (Domplatz 15). Sie ist 1894 abgebrochen worden. Nur wenige Meter neben ihr wurden bei archäologischen Untersuchungen 1961 bis 1965 Fundamente eines größeren Gebäudekomplexes ergraben, über dessen Nutzung nichts bekannt ist. Es könnte sich durchaus um die Bauhütte der Westchorwerkstatt handeln. Das Haus Domplatz 20 ist die alte Bischofskurie. In ihrem Hof stand die Johanniskapelle, die 1861 abgebrochen und auf dem Domfriedhof wieder aufgebaut wurde. Eine Besichtigung der reizvollen Kapelle, die den Einfluß der Westchorwerkstatt zeigt, lohnt sich.

Auf dem Domplatz gab es zunächst zwei mit Ziegeln gedeckte Brunnen- oder Wasserhäuser und einen überdachten Wasserbottich. Der eine Brunnen stand auf dem östlichen Teil des Domplatzes vor der Curia Trutwini (Domplatz 21) und dem Nachbarhaus "Zum Mohren". Der andere Brunnen war auf dem Areal des alten Domkirchhofes hinter dem Westchor angelegt. 1740 erhielt er durch den Weißenfelser Steinmetzen Joseph Theodat einen achteckigen Steintrog, um den mehrere Stufen angeordnet waren. Meister Michael Hirsch aus Bibra schmückte den Brunnen 1742 mit einer Simson-Figur. An die Außenwände des Bassins brachte er später auch noch Laub- und Muschelwerk an. 1844 stürzte das Standbild von seinem Sockel und wurde nicht wieder aufgestellt.

Im Frühjahr 1857 entschied sich das Domkapitel für die Errichtung eines neuen Brunnens mit Standfigur vor den Ostteilen der Domkirche. Den ersten Entwurf von Architekt Hermann Ende mit dem Stifter Syzzo von Käfernburg als Brunnenfigur verwarf man und entschied sich für den Markgrafen Ekkehard II., unter dem der Bau des ersten Naumburger Doms erfolgte. Den Auftrag für die Herstellung des Brunnens erhielten der Steinhauermeister Thieme aus Halle und der Naumburger Maurermeister Crato. Sie verwendeten Teile eines älteren Brunnens, der wohl kurz nach dem Brand von 1532 erneuert und mit spätgotischem Vierpaßmaßwerk verziert wurde. Am 17. Oktober 1858 konnte der neue Brunnen auf dem Domplatz festlich eingeweiht werden.

Die Steintafel am Mohren-Café

Der Steinweg

In die Ostseite des Domplatzes mündet der Steinweg. Er verbindet die Domfreiheit mit der jüngeren Bürgerstadt. Seinen Namen verdankt er dem Umstand, einer der ersten befestigten Straßen der Stadt gewesen zu sein. Im Mittelalter gab es noch einen Steinweg in der Nähe der ratsstädtischen Mariengasse und einen weiteren am Viehtor.

Urkundlich bezeugt wird der Steinweg erstmals 1478, seine Anlage im östlichen Teil des Immunitas scheint aber schon 1363 beschlossen gewesen zu sein. Von seiner Mitte, die sich platzartig ausweitet, führt über die schon im Mittelalter erwähnte "Pfütze" der Othmarsweg zur Vorstadtkirche St. Othmar. Vielleicht war hier die östliche Grenze der älteren Domfreiheit. Ungewiß ist auch, ob am östlichen Ende des Steinwegs ein gegen die Bürgerstadt (Civitas) gerichtetes Grenztor stand. Eine Urkunde Bischofs Dietrich II. von 1258 beschreibt es als versus civitatem, also als ein freiheitisches Tor.

Die Architektur der Straße ist im Verhältnis zu ihrer historischen Bedeutung eher schlicht und bescheiden. Die meisten der traufseitig gestellten Wohnhäuser entstanden nach den Bränden von 1714 und 1716 neu, auch das Haus der alten Mohrenbäckerei an der Ecke zum Domplatz. Eine Steintafel mit dem Bild eines Mohren und einer Inschrift erinnert noch daran: Auch nach dem großen Brand - Werd ich der Mohr genannt - Und steh in Gottes Hand. - Gedenke 29. Juni 1714. Dieses Datum markiert ein besonders schlimmes Ereignis in der Naumburger Brandgeschichte. Damals war durch die Unvorsichtigkeit eines zur Messe anwesenden Pulverhändlers eine Explosion ausgelöst worden, die 24 Menschen das Leben kostete und

mehr als 430 Häuser, Scheunen und Nebengebäude vernichtete. Auf der Domfreiheit blieben nur 19 Häuser erhalten.

Das Haus "Zum Mohren" führt seit etwa 1550 diese Bezeichnung. Es war Eigentum des Domkapitels. Von ihm erwarb es der Kämmerer und Domorganist Georg Rüssel, der wohl kurz vor seinem Tod das Grundstück teilte. Den kleineren Hausanteil erhielt nach Aussage der Häuserliste von 1596 der Bäcker Pensing, der darin die Mohrenbäckerei einrichtete. Heute ist in dem Haus das "Café zum Mohren" untergebracht.

Das Wohnhaus Steinweg 5 erhielt wohl im 17. Jahrhundert die Inschriftentafel mit der in Relief ausgeführten Darstellung zweier aufrecht stehender Ziegenböcke, die an einer Palme nagen. Davor sind zwei Gerbermesser gekreuzt. Die gereimte Inschrift lautet: Ach wir armen Ziegenböcke - Wie bereit man unsere Röcke - Auf Rot, Gelb, Grün und schwarzen Corduan - Damit bedient sich jedermann. Die Tafel erinnert an das einst bedeutsame Handwerk der Gerber. Seit 1443 besaßen sie gemeinsam mit den Schuhmachern eine Innung. 1550 trennten sie sich von diesen und erhielten daraufhin von Bischof Julius von Pflug eigene Innungsartikel sowie das Recht zur Führung eines eigenen Innungssiegels.

Auf der anderen Straßenseite, am Haus Steinweg 23, erinnert eine Tafel an den Theologen und Begründer der Missionswissenschaften Gustav Warneck, der hier am 6. April 1834 geboren wurde.

In dem Haus Steinweg 29 lebt der älteste noch tätige Bürstenmacher Deutschlands Kurt Steinbrück, der in dem schlichten Bürgerhaus im Oktober 1898 zur Welt kam.

Die Herrenstraße

Die Herrenstraße wird in dem ältesten Steuerregister der Stadt von 1314 als platea Dominorium bezeichnet. Vom Steinweg trennt sie nur der Lindenring, der nach der Beseitigung der Befestigungsanlagen als breite Allee angelegt wurde. Jahrhundertelang war dieser Abschnitt der Befestigung mit doppelter und dreifacher Mauer, mit Tor, Graben und Wall ein besonders umstrittener Teil der Grenze zwischen Domfreiheit und Bürgerstadt, zwischen Bischof und Stadtrat. Am Eingang zur Herrenstraße stand bis 1821 das Herrentor, das 1363 erstmals erwähnt wurde. Funktion und Gestalt glichen von Anfang an nicht denen der anderen Stadttore. Als Durchgangstor besaß es keine Verteidigungswerke. Über der spitzbogigen Tordurchfahrt befand sich die "Hütte für die Wächter", die spätere Torschreiberwohnung. Als sie 1709 erneuert wurde, beseitigte man gleich die alten Brotbänke, die seit dem Mittelalter im Herrentor standen. Vor dem Tor führte eine Brücke über den Graben. Sie verschwand, als das Herrentor beseitigt und der Stadtgraben aufgefüllt wurde.

Die Herrenstraße hatte in der Geschichte eine andere Aufgabe zu erfüllen als die meisten innerstädtischen Straßen, was die Anlage und die Architektur noch heute verdeutlicht. Durch das Herrentor führten keine Handels- und Verkehrswege in die Stadt. So fehlen hier auch die weitläufigen Kauf- und Wohnhäuser mit ihren prächtigen Handelsgewölben, den hohen Speichern und den großen Toreinfahrten. Auch mangelt es an wichtigen Gasthöfen mit jahrhundertealten Traditionen. Erst im späteren 18. Jahrhundert, vor allem aber nach dem Anschluß der Stadt an die Thüringer Eisenbahn entstanden in der Herrenstraße erste größere Handelshäuser.

Das Haus Nummer 1 besitzt den wohl ältesten Erker Naumburgs. Das gesamte Gebäude gehört der ersten Hälfte des 16. Jahrhunderts an. Das angrenzende Haus, die sogenannte "Lorbeerbaumapotheke" trägt einen schmalen, zweigeschossigen Rechteckerker. Er wird von einer Maskenkonsole und einem Mohrenkopf gestützt. Das Relief des Erkers, ein Lorbeerbaum zwischen zwei Konsolen, wurde 1645 in den älteren Hausbau eingesetzt, 1884 dann an die heutige Stelle gebracht.

Das Haus Herrenstraße 8 stellt mit dem wirkungsvoll gestalteten Renaissance-Erker von 1525 ein gutes Beispiel bürgerlicher Wohnbaukunst des 16. Jahrhunderts dar. Das Erdgeschoß bewahrt Kreuzgratgewölbe dieser Zeit. An die Hausfassade wurde anläßlich der Beendigung des Siebenjährigen Krieges der aufsteigende Engel angebracht. Auf dem Spruchband steht: Herr, schütte über dieses Haus die Frucht des edlen Friedens aus. 1764.

In dem Nachbarhaus wohnte 24 Jahre lang der Rechtsanwalt, Parlamentarier und Schriftsteller Albert Träger (1830-1912). Im politischen Leben engagierte er sich besonders in der nationaldemokratischen Einigungsbewegung.

Vor dem Haus Nummer 21 stand früher ein Röhrbrunnen, der 1871 an das Rathaus versetzt wurde. Zu dem Hintergebäude von Herrenstraße 23 gehörte das Fischhaus, das an die 1555 erneuerte Baderei in der Badergasse stieß. Der Durchgang zur Engelgasse wurde erst nach Abbruch eines Wohnhauses 1532/33 angelegt.

Das Rathaus

Das erste Rathaus der Bürgerstadt, erstmals erwähnt 1305, stand am Topfmarkt südlich der Wenzelskirche. Nach dem Stadtbrand 1384 wurde ein neues errichtet, etwa an jetziger Stelle, und nach mehrmaligen Umbauten und Erneuerungen Ende des 15. Jahrhunderts massiv in Stein aufgeführt und durch einen Seitenflügel zur Herrenstraße erweitert. Der damals schon anspruchsvolle Rathausbau besaß mehrere Giebel, etwa zwölf Kramgewölbe und eine doppelläufige Freitreppe zum Obergeschoß. Von ihr hat sich eine Wappentafel (1482) an der Frontseite des Hauses erhalten. Im Erdgeschoß und in den unteren Gewölben lagen die Ratskapelle omnium sanctorum und das Gefängnis (Kempter). Auch ein Tanzsaal sowie die städtische Garküche und die Ratswaage gehörten zur alten Ausstattung. An der Nordseite war der Schandstein oder Pranger aufgerichtet. Schandstein, Staube und Ratsgefängnis waren unmißverständliche Zeichen dafür, daß der Rathausbau auch Gerichtsstätte gewesen ist.

Der Stadtbrand 1517 zerstörte das gerade vollendete Rathaus fast vollständig. Der Wiederaufbau dauerte bis 1528/29. Der hierfür verantwortliche Baumeister Hans Witzleube ist kein Unbekannter im örtlichen Baugeschehen. Ihm verdankt das Rathaus sein einheitliches Äußeres mit Gesimsen und Fensterachsen sowie mit den Zwerchgiebeln vor dem hohen Walmdach. Die 1528/29 aufgesetzten Dacherker mit den spätgotischen Maßwerkverzierungen sind ein besonderes Merkmal der Naumburger Renaissance-Architektur. Sie erscheinen auch am gegenüberliegenden Bürgerhaus sowie am "Schlößchen" vor St. Wenzel.

Wenige Jahre später berichten die Ratsrechnungen wieder von umfangreichen Arbeiten am Rathaus. 1535 ließ der Rat die Stube über der Waage anlegen, 1544/45 die alte Ratskapelle zum neuen Gefängnis einrichten und 1555/56 die Fürstenstube im ersten Obergeschoß prunkvoll ausbauen. In den südlichen Flügel wurde eine neue Treppe zum zweiten Obergeschoß eingestellt. Sie erhielt von Meister Hans ein fein dekoriertes Portal, das über dem Gebälk das Wappen des Bischofs Julius von Pflug und das der Stadt zeigt. Auch das bemerkenswerte Türblatt des Renaissance-Portals stammt aus dieser Bauzeit.

Das Fürstenzimmer ließ der Rat 1608 mit dorischen Säulen dekorieren. Sie sind Arbeiten des aus Bamberg zugewanderten Steinmetzmeisters Conrad Steiner. Vier Jahre später gestaltete dieser auch das Hauptportal an der Marktseite. In dem giebelbekrönten Aufsatz über der Tür ist das Wappen des Administrators und das der Stadt untergebracht.

Zwei Zimmer erhielten im 17. Jahrhundert schmuckreiche Stuckdecken. Die eine zeigt Allegorien auf die vier Jahreszeiten. Die Decke in dem anderen festlichen Raum, der heute als Hochzeitszimmer dient, trägt phantasievolle Ranken, Tiere und Engelsköpfe. Das zweite Obergeschoß besitzt nur noch weniges von der alten Ausstattung. Eine Wendeltreppe führt zur sehenswerten Oberen Rathausdiele. Sie war die alte Gerichtslaube, in deren Mitte eine sehr schöne Säule mit kräftigen Sattelhölzern steht, die der Naumburger Bildschnitzers Christoph Weymann vollendete. In dem später geteilten Raum hingen zwei heute im Stadtmuseum

Prunkvolles Portal am Rathaus

aufbewahrte Kurfürstenbilder. Der Rat ließ sie 1532 in der Wittenberger Werkstatt des Malers Lucas Cranach für acht Gulden malen.

Größere Umbauarbeiten nahm man noch im 19. Jahrhundert vor. Damals wurde der Ratskeller erneuert, dessen großer Saal lange als Theater diente. Eine umfassende Instandsetzung erfolgte nach dem 1. Weltkrieg in den Jahren 1919/20. Sie lag in den Händen des Stadtbaurates Friedrich Hoßfeld. Er ließ auch die breite Eichentreppe zum zweiten Obergeschoß anlegen, deren derbe Schnitzereien auf das bekannte Naumburger Kirschfest Bezug nehmen. In dem weiträumigen Treppenhaus hängt ein monumentales Gemälde des Weimarer Malers Martersteig. Es zeigt in starker szenischer Verdichtung die dramatischen Vorgänge um Thomas Müntzers Gefangennahme und Hinrichtung. Das Bild hatte die Stadt mit Unterstützung des hiesigen Kunstvereins erworben.

Die zu Beginn der neunziger Jahre eingeleiteten Instandsetzungen des Rathauses führten zunächst zur Erneuerung des Hauptportals von 1611/12. Anschließend wurde der schmale Durchgang zur Engelgasse neu gestaltet. An der Seite des Nordflügels, der mal als Tuch-, Pelz- oder auch Schleierhaus bezeichnet wird, trägt ein Inschriftenstein die Jahreszahl 1482. In den westlichen Gewölben des nördlichen Seitenflügels zur Herrenstraße ist ein "Museumseck" u. a. mit Ausstellungen zur Stadtgeschichte untergebracht. Auch der Ratskeller im Südflügel des Rathauses, die älteste privilegierte Gaststätte der Stadt, wurde umfassend erneuert. Die östlichen Gewölbe, wo sich einst das mittelalterliche Gefängnis und die Ratskapelle omnium sanctorum befanden, sind von hohem architektonischen Reiz.

Die Herrenstraße ist heute eine belebte Einkaufsstraße

Der Marktplatz

Die "Hohe Lilie"

An der Nordwestecke des Marktplatzes erhebt sich der turmartige Bau der "Hohen Lilie". In den ältesten Steuerregistern und Lehnbüchern der Stadt findet er schon im frühen 15. Jahrhundert Erwähnung. Seit dieser Zeit bis weit in das 18. Jahrhundert hinein wird er unter der Bezeichnung "Kemenate" oder "Kempte" geführt. Damit werden traditionell Eigenbefestigungen und wehrhafte Wohntürme beschrieben, die in den Bürgerstädten meist zu deren ältesten Kernen zählen. 1517 wurde das Gebäude durch Feuer zerstört, doch seine Kernsubstanz blieb im wesentlichen erhalten. Beim Wiederaufbau verzichtete man offensichtlich auf eine Fortführung des mittelalterlichen Baugedankens. Das neue Erdgeschoß erhielt ein Kreuzgewölbe in Ziegelbauweise. Die Fassade mit spätgotischem Staffelgiebel wurde völlig neu gestaltet. Die spätgotischen Fenster im Obergeschoß faßte man zu einer Gruppe zusammen und versah sie mit aufwendigen Profilierungen.

Der ursprüngliche Zugang konnte bisher nicht lokaliert werden. Zu den Obergeschossen führte eine wohl in der Nordostecke eingestellte Wendeltreppe. Der Raum im ersten Obergeschoß, der "Saal", wurde seiner Bedeutung entsprechend reich ausgestattet. Die Fensterkonsolen erhielten vorzüglich gearbeitete Halbfiguren eines jungen Mannes und einer jungen Frau in der Kleidung ihrer Zeit. Eine der Halbsäulen trägt die Jahreszahl 1526, die andere ein Monogramm und das Zeichen des ausführenden Steinmetzen. Das Haus war in dieser Zeit im wesentlichen fertiggestellt, woran auch eine Jahreszahl im Deckenbalken erinnert. Auftraggeber der dekorativen Ausgestaltung war der wohlhabende Kaufmann Sigmund Zewicker. Er hatte das Haus 1525 vom Bürgermeister Veit Leube erworben, "mit aller Gerechtigkeit, wie es sein Vater und seine Geschwister gehabt". Ihm gehörte auch der ältere Küchenbau mit heute noch erhaltener Herdstelle an der Nordwestecke des Turmes.

1532 wurde an die Nordseite der "Hohen Lilie" ein zweigeschossiger Wohnbau und dem wiederum ein barockes Wohnhaus angeschlossen. Diese einzelnen Bauten bilden die Hausgruppe "Hohe Lilie".

Der Wohnturm ist mit seiner reichen Außenarchitektur und der wertvollen Innenausstattung ein besonders gutes Beispiel spätmittelalterlicher Hausbauweise und Wohnkultur. Seine Anfänge gehen zurück in die frühe Zeit der Bürgerstadt. Als Urkundenort hat er - nach Wissensstand der Naumburger Archive - jedoch nicht gedient. Nach Abschluß der aufwendigen Instandsetzungen und Rekonstruktionen soll das Haus dem städtischen Museum übergeben werden.

Das "Schlößchen"

An der Südseite des Marktplatzes, der Stadtkirche vorgelagert, steht Naumburgs "Schlößchen". Der eingeschossige Bau mit den prächtigen Gewölben im Erdgeschoß zeigt die gleichen Rundbogenerker wie das Rathaus und das Bürgerhaus gegenüber. Ebenso sind die glatten Flächen der Dacherker mit spätgotischem Maßwerk verziert. Nur denen an der westlichen Giebelseite mangelt es an jeglichem Dekor. 1379 ließ der Rat mit Genehmigung des Bischofs an dieser Stelle ein neues Kaufhaus errichten. Ob es sich dabei um einen Neubau oder lediglich um eine Erweiterung handelte, ist ungewiß. Das Kaufhaus nahm ein Teil des städtischen Gottesackers in Anspruch, der an die Stadtkirche angrenzte und im Norden bis fast an den Marktplatz reichte. Deswegen mußte sich der Rat auch verpflichten, den Kirchhof an anderer Stelle zu erweitern. Mit dem Bau des nördlichen Rathausflügels ging ein Teil der Aufgaben des städtischen Kaufhauses dorthin. Das alte Kaufhaus am Kirchhof ließ der Rat 1495 nochmals umfassend erneuern, und die Räume wies man dem Borten- und Bänderhandel zu. Nach und nach wurden an das Kaufhaus mehrere Wirtschaftsbauten angefügt. An der Rückseite stand das Haferhaus, das dem städtischen Marstall am Topfmarkt als Vorratsspeicher diente. Für die Zippler, die städtischen Bierprüfer und -zieher, war an der Westseite das Zippelhaus entstanden. Nach Abbruch dieser Gebäude wurde bis 1541 ein Neubau errichtet, der zuerst dem Diakon der Stadtkirche dienen sollte, dann aber für die Kaufleute und Händler bestimmt wurde. Auch die Bäcker erhielten einen Platz in dem neuen Haus, um ihre Brotbänke aufzustellen. Im Obergeschoß befanden sich insgesamt 40 Verkaufsstände. 1543 erwarb der Rat das südwestlich angrenzende Grundstück, auf dem noch im gleichen Jahr unter Leitung des Baumeisters Hans Witzleube das eigentliche "Schlößchen" für den evangelischen Bischof Nikolaus von Amsdorf (1542-46) entstand. Sein Wappen mit der Inschrift VON GOTS GNADEN NICOLAUS BISCHOF NAUMBURG war an einem der Giebel angebracht. Auch die anderen Giebel trugen Inschriften und Wappen, die jedoch im April 1945 zerstört wurden.

Die Instandsetzungsarbeiten an dem schwer beschädigten Gebäude wurden im Sommer 1950 abgeschlossen. Es erhielt seinerzeit seine alten Dachaufbauten wieder, die im 19. Jahrhundert durch spitzgiebelige Erker ersetzt worden waren. 1902 hatte die Stadt das Haus erworben und das städtische Altertumsmuseum dort eingerichtet. Heute beherbergt das "Schlößchen" das städtische Fremdenverkehrsamt sowie die Stadtbibliothek.

Die Residenz

Im Juli 1653 übernahm der erst 34 Jahre alte Herzog Moritz von Sachsen die aus einer Erbteilung hervorgegangene Sekundogenitur-Herrschaft Sachsen-Zeitz. Das Herzogtum umfaßte Gebiete des früheren Bistums Naumburg, der Ballei Thüringen, der Herrschaft Thüringen sowie Territorien verschiedener Ämter, Städte und albertinischer Anteile. Als Residenz diente dem Herzog Naumburg, wo ihm sein Vater, der Kurfürst Johann Georg I., ein stattliches Haus am Marktplatz hat errichten lassen. Der festliche Einzug des jungen Landesfürsten erfolgte am 3. Oktober 1653. Ein Tag später nahm er die Huldigung der Stände im großen Festsaal entgegen. Nur ein knappes Jahrzehnt erfreute sich Naumburg des Glanzes einer fürstlichen Hofhaltung. Im Juli 1663 siedelte der Herzog wieder zurück nach Zeitz in die dortige Moritzburg.

Von Anfang an war die Naumburger Residenz nur eine Übergangslösung. Dies schlug sich auch in Bau und Gestaltung nieder. Ganze Mauerteile der Vorgängerbauten wurden in den Neubau einbezogen, wodurch einige Unregelmäßigkeiten an der Frontseite entstanden, die heute noch deutlich zu erkennen sind. Auf einen repräsentativen Haupteingang an der Marktseite ver-

Das "Schlößchen" vor der Stadtkirche St. Wenzel

Die "Hohe Lilie" (links) mit spätgotischem Staffelgiebel

zichtete man sogar völlig. Dafür wurde ein bereits vorhandenes Portal in den westlichen Seitenflügel eingebaut. Nach der Inschrift über der Eingangstür stammt das aufwendig gearbeitete Portal aus dem Jahre 1560. Auch die Gestaltung der Giebelfassade erfolgte sehr zurückhaltend. Ähnlich wie die Volutengiebel der Bischofskurie am Domplatz wurden die der Residenz mit Lisenen und Simsen gegliedert. Aufwendiger gefertigt zeigen sich dagegen die Rundbogenfenster im Erdgeschoß. Ihre Gewände sind mit Muschelnischen, Perlstab und Zahnschnitt dekoriert.

Die Residenz war vom Marktplatz zunächst durch eine Mauer getrennt. Sie reichte von dem alten Amtshaus an der Jakobstraßenekke bis zur Einmündung der Wenzelsstraße beim Schlößchen. An der Innenseite waren acht Verkaufsbuden angebaut, die 1747 gemeinsam mit der Mauer abgebrochen wurden. An der Stelle der Mauer grenzte man nun den Schloßvorhof mittels Zaun und Lindenarkade ab, die 1806 wieder verschwanden. In der Zeit wurde auch der überdachte Gang beseitigt, der vom nördlichen Flügel der Residenz zum Fürstenstuhl in der Wenzelskirche führte.

Im geräumigen Schloßhof stehen noch einige Wirtschafts- und Stallbauten aus der Zeit. Neben den Karossen waren dort auch die Pferde untergebracht, für die Herzog Moritz von Sachsen-Zeitz eine große Vorliebe hatte. Nach Aufgabe der Residenz diente das Haus lange Zeit als fürstliches Gästequartier. Hier wurden prächtige Theateraufführungen inszeniert, die schon Herzog Moritz im großen Festsaal gepflegt hatte. 1806 hielten sich Friedrich Wilhelm III. und Königin Luise in der Residenz auf, kurz darauf Napoleon und sein Stab. Nach dem Übergang der Stadt an Preußen wurde die alte Residenz Gerichtsgebäude. Das ist sie bis heute.

Der Marktbrunnen

Der Brunnen an der Südostecke des Marktplatzes wird in den Rechnungen des Rates 1459 erstmals erwähnt. Dort heißt es kurz und bündig: "Den steinernen Born am Markte hat man gebaut." Zuvor lag etwa an dieser Stelle ein großer Teich, der als Tränke für Tiere und als Wasserreserve zum Löschen diente. Mit dem Anlegen der "Pferdeschwemme" vor dem Jakobstor im 14. Jahrhundert wurde der Teich auf dem Marktplatz beseitigt. Wie alle anderen öffentlichen Brunnen war der Born auf dem Marktplatz der Röhrenfahrt angeschlossen. Das war ein kompliziertes System hölzerner Rohrleitungen der städtischen Wasserversorgung, für deren Unterhaltung ein städtischer Röhrmeister zu sorgen hatte. Reste solcher hölzernen Rohrleitungen sind im städtischen Museum zu sehen.

1498 wurde ein neuer Brunnen auf dem Marktplatz an Meister Volkmar verdingt. Aus der Beschreibung erfahren wir, daß in der Mitte des Beckens eine Säule stand, "daraus das Wasser liefe". 1507 kam ein hölzernes Wasserbecken hinzu, das 1523 durch ein einfaches, 1550 dann durch ein kunstvolles Gitter verziert sowie mit Messingständer und Löwenkopf geschmückt wurde.

Im September 1579, vermutlich am 25., wurde im Beisein des Rates und der Bürgerschaft der "steinerne Mann in dem Born" feierlich aufgerichtet. Die Ratsrechnungen nennen den Bildhauer Heinrich Hase als verantwortlichen Meister. Für seine Arbeit erhielt er neun Gulden. Andreas Königsdorfer versah die Figur noch mit Farbe. Sie wurde damals völlig vergoldet und das Bekken zum Teil weiß gemalt. Die heutige Farbfassung entspricht also nicht ganz der ursprünglichen. 1712 mußten Säule und Standbild umfassend erneuert werden. Dafür fertigte Holzbildhauer Christian Welcke sogar ein besonderes Modell. Die Kosten beliefen sich auf mehr als 302 Gulden. Über 360 Jahre hat die alte Brunnenfigur das Marktbild beherrscht. Dann fiel sie den Novemberstürmen des Jahres 1940 zum Opfer. Neun Jahre später konnte eine originalgetreue Nachbildung, in der die Stadt ihren Schutzpatron Sankt Wenzel sieht, auf das kunstvoll verzierte Postament gesetzt werden.

Stadtkirche St. Wenzel

Sankt Wenzel ist die Pfarrkirche der bürgerlichen Stadtgemeinde. Dieser verdankt sie auch ihr Entstehen. Die 1228 erstmals erwähnte Kirche war dem Naumburger Bischof bestätigt worden: parochia sancti Weneclai. Von ihr ist nur noch weniges feststellbar. Der Stadtbrand von 1411 hatte sie bis auf die Grundmauern zerstört. Auch der 1426 eingeleitete Neubau blieb von Bränden nicht verschont, letztendlich bestimmten sie den Bauablauf und führten zu der eigenwilligen Schöpfung einer spätgotischen Bürgerkirche.

Die aufwendigen Ostteile entstanden 1426 bis 1473 in den dekorativen Formen des Weichen Stils. Danach wurde das Langhaus nach einem bereits vorliegenden Plan aufgeführt. Der eingeengte Bauplatz führte zu dem ungewöhnlichen polygonalen Abschluß im Westen. Hier ist auch das schmuckreiche Hauptportal mit den Standbildern der Schutzheiligen Maria und Wenzel untergebracht. Es gehört der Zeit um 1500 an. Das reichgeschmückte Kielbogenportal im Nordturm ist schon in den ersten Jahren des 15. Jahrhunderts angelegt worden. Auch der Turm entstand noch in dem Jahrhundert. Er ist das Wahrzeichen der Bürgerstadt. Von seiner Bühne aus mußte der Bierrufer bis 1507 den neuen Tag mit dem Lied "Christi, heiliger Kaiser" anrufen.

Die Einwölbung der Kirche sollte der Spezialist Jacob Heylmann übernehmen. Der Brand von 1517 verhinderte aber das Vorhaben. Stattdessen erhielt die Kirche eine Holzbalkendecke, die in Resten noch vorhanden ist. Der hohe Innenraum der Kirche wird in seiner Gesamtwirkung von den barocken Einbauten bestimmt. Der Hochaltar, eine Arbeit des Zeitzer Hofbildhauers Heinrich Schau, wurde schon 1680 aufgestellt. Drei Jahre später malte Oswald Harms aus Dresden das Gemälde der figurenreichen Kreuzigung für die Altarwand. Bedeutendstes Prinzipalstück der barocken Ausstattung ist die Orgel. Rund drei Jahre arbeitete der Silbermann-Schüler Zacharias Hildebrand an dem neuen Werk. Hierfür verwendete er das Prospekt der Vorgängerorgel, das Johann Göricke aus Halle in den Jahren von 1697 bis 1699 geschnitzt hatte. Am 27. September 1746 wurde das neue Orgelwerk von Johann Sebastian Bach und Gottfried Silbermann vor der versammelten Bürgerschaft abgenommen. Das darüber gefaßte Protokoll wird im Stadtarchiv aufbewahrt. Bach selbst war an der Disposition der Orgel maßgeblich beteiligt. Ihm gelang es später

Häuserzeile am Marktplatz

auch, seinem Schwiegersohn Altnikol die Stelle eines Organisten an Sankt Wenzel zu verschaffen. Gegenwärtig wird die Orgel umfassend instandgesetzt.

Zu der reichen Ausstattung der Kirche gehören eine Reihe wertvoller Gemälde. Zwei wurden in der Werkstatt von Lucas Cranach gemalt. Eine "Anbetung der Hirten" wird dem Maler Bartholomäus Spranger zugeschrieben. Aus der Rubenswerkstatt stammt die auf Holz gemalte "Anbetung der Heiligen Drei Könige". Das Bild ist von hoher künstlerischer Qualität.

Die Grabsteinkunst ist mit Arbeiten des 16. bis 18. Jahrhunderts reich vertreten. Hervorhebenswert ist der Stein von Leubelfing, dem Pagen des Schwedenkönigs Gustav Adolf. Dieser wurde in der Schlacht bei Lützen schwer verwundet und starb am 15. November 1632 in Naumburg.

In der Glockenstube des Nordwestturms hängen schöne Glocken des Mittelalters. Sie wurden kurz nach dem Stadtbrand von 1517 gegossen und erklingen heute noch. Die kleine Glocke in der Turmhaube stammt von 1763 und hat lange Zeit als Schul- und Feuerglocke gedient. 145 bis 150 Glockenschläge mußten jeden Morgen vor Schulbeginn zu hören sein. Dafür sorgte der Türmer, der die Glocke von seiner Wohnung aus bediente.

Seit einiger Zeit ist der Turm gesperrt, aber nach Abschluß der baulichen Instandsetzungen soll er wieder zugänglich sein. Von hier oben bietet sich ein herrlicher Blick in das vielgestaltige Saale-Unstrut-Tal.

Im Inneren von St. Wenzel dominieren die barocken Einbauten

Das Peter-Pauls-Haus

Die an Portalen reiche Stadt besitzt mit dem Simson-Portal in der Marienstraße 12 a eines der schönsten Beispiele bürgerlicher Renaissance-Architektur des 16. Jahrhunderts. Nach der Inschrift in der Supraporte entstand das Portal im Jahre 1574, veranlaßt durch den Naumburger Bürger und Ratsangehörigen Magnus Harnisch. Seine respektablen finanziellen Möglichkeiten und sein ausgeprägter Sinn für standesgemäße Repräsentation werden an dem Portal in bester Weise deutlich. Die Supraporte zeigt den dramatischen Kampf Simsons mit dem Löwen. Flankiert wird die Szene von zwei geflügelten Engelsköpfen. Die einfassenden Pilaster sind mit Engelsfiguren ausgefüllt. Am profilierten Gewände sieht man die Halbfiguren der Schutzapostel Peter und Paul mit Schlüssel und Schwert. Die ursprünglich beidseitig angeordneten Sitznischen wurden später entfernt und durch glatte, senkrechte Gewände ersetzt. Auf dem kräftig ausgebildeten Deckfries steht geschrieben: DEN FROME GIBT: GOT: GVTR: DIE: DA: BLEIBEN: VND: WAS: ER BESCHERET: DAS GEDEIET IMRDAR: Das Monogramm im Bild ist das des ausführenden Meisters. Es handelt sich dabei um den Steinmetzen Jobst Negelin, der aus Immenstadt kam und 1572 Naumburger Bürger wurde. Ein Jahr später war er am Festungsbau in Dresden tätig. Der Kurfürst nannte ihn hier einen "jungen und gescheiten Mann". 1574 übernahm er in Naumburg die Arbeiten am Haus in der Marienstraße. Unter Jobst Negelin arbeitete der Steinmetz Conrad Steiner, wohl als Lehrjunge. Sein Zeichen findet sich am Portal. Steiner ist vor allem bekannt geworden durch seine leitenden Arbeiten am Rathausumbau 1608 bis 1612 und durch den Einbau der Ständeemporen in der Stadtkirche Sankt Wenzel.

Das Haus Marienstraße 12 a war durch den Stadtbrand 1517 stark in Mitleidenschaft gezogen worden. Magnus Harnisch der Ältere erwarb das Grundstück 1542 als Baustelle, um darauf einen Neubau zu errichten, der 1574 vollendet wurde. Von ihm ging das Haus an seinen Sohn, der ebenfalls Ratsmitglied war und später sogar zum Bürgermeister avancierte. Dann übernahm es der Proviantverwalter Christian Hoffmann, darauf dessen Witwe. Von 1650 bis 1656 war der pfortensische Kornschreiber Tobias Dresser Eigentümer des Hauses, dann gehörte es seinen Erben. 1763 erwarb es die Familie Trebs, die das Haus bis 1822 besaß.

Größere bauliche Veränderungen hat es in der Zeit nicht erfahren. Das erfolgte erst nach 1920/21, als in das Haus ein Bankgeschäft und danach ein Tuchunternehmer einzogen. Die Umbauten betrafen aber hauptsächlich das Innere des Bürgerhauses. Jüngste Erneuerungen und Umbauten legten eine weitgehend unbekannte Bohlenstube frei, die bedauerlicherweise neuen Nutzungsinteressen weichen mußte. Insgesamt blieb aber der hohe architektonische und ästhetische Wert des 420 Jahre alten Hauses erhalten.

Marien-Magdalenen-Kirche

Die dicht beim Marientor gelegene Marien-Magdalenen-Kirche geht auf eine Stiftung Bischofs Udo I. zurück. Er hatte an dieser Stelle ein Hospital gegründet und dessen Verwaltung 1144 dem Kloster Sankt Marien ad Portam vor Naumburg übertragen. Die Zisterzienser von Pforte gaben später das Hospital samt Zubehör an das Naumburger Georgenkloster ab, das hier ein Vorwerk dicht neben der Kirche anlegen ließ. Die erst seit dem 14. Jahrhundert vorgenommenen Gottesdienste in der alten Hospitalkirche hielten Geistliche der Wenzelskirche. 1510 bestand sogar eine Bruderschaft an Marien-Magdalenen. Die Reformation setzte der Nutzung als Pfarrkirche ein Ende. 400 Jahre nach ihrer Ersterwähnung wurde die Kirche für immer geschlossen. Ihr Einkommen fiel an die Hauptkirche Sankt Wenzel, den alten Kirchenbau erhielt der Stadtrat vom Bischof geschenkt, "der auch die Glocken an sich gezogen und daraus Marktgewichte giessen lassen" hatte. Seit dieser Zeit stand die Kirche profaniert. Sie diente vielfältigen Zwecken, 1673 sogar als Lager- und Speicherbau. Dann entschloß man sich 1712 zu einem Neubau, der sich bis 1730 hinzog. Die Leitung der Arbeiten lag in den Händen von Ratsbaumeister Ulrich. Der Außenbau wurde sparsam gestaltet, nur durch flache Lisenen und hohe Stichbogenfenster gegliedert. Bernhard Hellwig setzte die Fenster in den nüchternen Barockbau, Meister Caspar Beck führte die Steinmetzarbeiten aus. Das Innere der Kirche erhielt im Gegensatz zum bescheidenen Äußeren eine festliche Ausstattung. Für die komplizierten Stuckarbeiten hatte Naumburgs Bürgermeister Frauendorf den Italiener Bernado Brentano verpflichtet. Brentano war zuvor in Eisenberg tätig und hatte dort mit den berühmten Stukkateuren Bartholomo Quadro und Giovanni Caroveri an der Ausgestaltung der Schloßkirche gearbeitet. Während in Eisenberg die hochbarocken Dekorformen der oberitalienischen Werkstätten dominieren, sind die Stukkaturen in Naumburg eher zurückhaltend und bescheiden ausgeführt. Brentano richtete sich hier hauptsächlich nach der gegebenen Raumsituation und den funktionellen Erfordernissen. Von ihm sind auch die Stukkaturen am Turm und die Simse. Bildhauer Christian Welcke verzierte die Schlußsteine mit Laubwerk und einem "Gabriel-Zeichen". Das monumentale Weltgerichtsgemälde an der Spiegeldecke führte der Nürnberger Maler Wilhelm Rössel im Jahre 1727 aus. Orgelbaumeister Poppe aus Stadtrode setzte 1783/85 ein neues Orgelwerk ein, das jedoch 1869 der heutigen Ladegast-Orgel weichen mußte. Noch immer ist die Marien-Magdalenen-Kirche ein gutes Beispiel für die künstlerischen Gestaltungsmöglichkeiten von barocken Saalkirchen dieser Zeit.

An die Kirche grenzte im Mittelalter der Mariengottesacker. Die Ummauerung des Kirchhofes reichte bis in die heutige Marienstraße hinein. An einer Ecke stand die kleine Waage, auch Flachswaage genannt, sowie mehrere Verkaufsbuden, an denen vorzugsweise mit Fisch, Fleisch, Flachs und Hanf gehandelt wurde. 1525 begann der Abbruch der Mauer und des Beinhauses auf dem Gottesacker.

Bei Arbeiten an der Kirche stieß man 1993 auf großzügig angelegte Grabkammern mit Resten alter Bestattungen.

Simson-Portal in der Marienstraße 12a

Deckengemälde mit Christus als Weltenrichter in der Marienkirche

Einziges erhaltenes Stadttor Naumburgs: das Marientor

Das Marientor

Das Marientor an der östlichen Befestigungsgrenze, einzig erhaltenes Stadttor Naumburgs, wird erst 1396 in der damals traditionellen Überlieferung als "Mergentor" genannt. Seine Anlage dürfte aber schon mit der Umsetzung des Befestigungsrechtes von 1287 beschlossen gewesen sein. Wie die meisten Tore dieser Zeit war es ein Fachwerkbau in Holz, von Palisaden, Lehmwänden und einem vorgelagerten Graben zusätzlich geschützt. Die Ratsrechnungen berichten seit dieser Zeit nur von kleineren Reparaturen und Erneuerungen am Marientor. Erst 1455 wurde die alte Anlage abgerissen und an ihrer Stelle bis 1456 die heutige erbaut. Das neue Tor war damit das erste der Stadt, das im Zusammenhang mit dem weiteren Ausbau und der Modernisierung der städtischen Befestigung massiv, also in Stein, errichtet wurde. Die Details dazu bewahren die Kämmereirechnungen des Rates: Danach führte Meister Peter von Hummelshain die Berechnung aus, während Meister Ambrosius Weise den Bau leitete und ausführte. Das Marienbild in der Nische am Außentor stammt von Meister Peter. Die Gesamtkosten betrugen etwas über 604 alte Schock. Erste größere Instandsetzungen an dem neuen Tor erfolgten schon 1511. Daran erinnert eine Inschrift über dem Bogen des Außentores. Ein Meister Voyth erneuerte das Marienbild und vergoldete die Inschrift über der Bildnische. Der Rat ließ im Zuge dieser Arbeiten das Tor auch gleich mit 40 Hakenbüchsen bestücken. Umfassende Reparaturen wurden in den Jahren 1663/64 vorgenommen. Dabei verwendete man Steine des aufgelassenen Georgentores. 1737 wurde ein Schilderhaus von Ratsbaumeister Ulrich an das Tor angebaut, das damals wohl auch die barocken Stützpfeiler erhielt. Der Anbau diente nach Einführung der Mahl- und Schlachtsteuer als Kontrollhaus und wurde 1875 zum Teil wieder abgebrochen.

Bis auf die wenigen baulichen Zutaten hat sich das Marientor in seiner ursprünglichen Gestalt und Disposition erhalten. Der malerische Komplex besteht aus zwei Torhäusern und einem gekrümmten Fanghof, der an seiner Westseite von dem Wehrgang begrenzt wird. In der oberen Kielbogenreihe des Wehrganges sind in Abständen Fenster ausgebrochen. Nach außen wurden Schießscharten eingesetzt. Somit bestanden in beide Richtungen beste Verteidigungsmöglichkeiten. Das äußere (feldseitige) Tor wurde seitlich angelegt, um es vor dem direkten Beschuß zu sichern. Das innere erhielt einen zusätzlichen Schutz durch einen mächtigen Turm, der mit Zinnenkranz und Kegeldach abschließt. Bis vor Jahren war der Turm noch bewohnt, außerdem befand sich hier für viele Jahre das städtische Gefängnis. In die westlich angrenzende Mauer führt eine kleine Pforte in den Zwinger, dem Raum zwischen der Stadtmauer. Davor lag der Graben, über den eine hölzerne Brücke führte. Sie wurde 1531 von Hans Witzleube durch eine steinerne Brücke ersetzt, deren Fundamente sich zum Teil unter der Straße erhalten haben.

Das Marientor wird seit vielen Jahren als Sommerbühne für Theaterinszenierungen und andere vielfältige kulturelle Vorhaben genutzt. Das architektonisch und baulich meisterhaft gestaltete Stadttor mit seiner erstaunlich guten Akustik bietet hierfür die besten Voraussetzungen.

Gasthof "Zu den drei Schwanen"

In dem städtischen Geschoßbuch von 1314 erscheint die Jakobsstraße als platea Jacobi. Ihren Namen verdankt sie einer schon 1228 erwähnten Kirche, die dem heiligen Jacobus geweiht war. Sie diente zeitweise der Wenzelskirche als Filiale und besaß Parochialrechte, die sie aber 1358 abgeben mußte. 1445 ließ der Rat das Gotteshaus nochmals reparieren, die Türme und die Vorkirche instandsetzen. Knapp 100 Jahre danach wurde der Bau völlig beseitigt.

Das Areal der Kirche dehnte sich vom Grundstück Jakobsstraße 25 bis 28/29 aus. Auf dem westlichen Teil steht heute der Gasthof "Zu den drei Schwanen". Er blieb als einziger der großen historischen Gasthöfe in der Jakobsstraße übrig. Wohl schon um 1500 hat dicht neben der Jakobikapelle ein Gasthof existiert. Das Anwesen ging aber beim Brand 1517 in den Flammen nieder. Damals besaß Lucas Glöckner das Haus, dann seine Erben, bis es 1532 an den Ratsfreund Christoph Lindner überging. Kurz darauf wurde mit dem Abbruch der alten Kapelle begonnen, die dann schon am 2. Februar 1542 "gottlob mit beiden Türmen ohne Schäden

gar darnieder liegt". 1544 war das westliche Wohnhaus mit dem leicht geschweiften Giebel vollendet, das noch spätgotisches Stabwerk in den Fenstern führt. 1553 entstand östlich davon ein weiteres Gebäude, der eigentliche Gasthof. Der zweigeschossige Bau steht aber schon traufseitig. Seine Fenster sind gekoppelt und mit profiliertem Gewände versehen. Über dem alten rundbogigen Eingang zeigt eine Sandsteinplatte die in leichter Manier ausgeführte Auferstehung Christi. Sie wurde wohl gleichzeitig mit dem Hausbau geschaffen. Die zweiteilige Hausinschrift darüber lautet: "Ich bin die Auferstehung und das Leben; wer an mich glaubt, wird leben, selbst wenn er gestorben ist; und jeder, der lebt und an mich glaubt, wird nicht sterben in Ewigkeit." Darunter wird aus den Römerbriefen zitiert: "Wenn Gott für uns ist, wer ist wider uns? Im Jahre des Herrn 1553."

Im Gastraum hat sich ein prächtiges Kreuzgratgewölbe aus der Bauzeit erhalten, das auf einem gedrungenen Viereckpfeiler ruht. Zwei Seiten des Pfeilers wurden mit volkstümlichen Flachreliefs geschmückt.

Die alte Post

Das Haus Jakobsstraße 25 zählt zu den schönsten Renaissance-Bürgerbauten Naumburgs. Sein hoher künstlerischer Wert liegt vor allem in den vorzüglichen Kompositionsprinzipien und in der Verbindung von Bauform und Schmuck. Das dreigeschossige Gebäude mit dem hohen Dach ist nahezu symmetrisch angelegt. Betont wird diese Ausgewogenheit durch den in der Mitte sitzenden Renaissance-Erker, der mit Pila-

ster und Simsen dekoriert ist. Die Wappen in den unteren Brüstungsfeldern des Erkers verweisen auf den Erbauer und auf die Familie von Frankenburg. Das eine zeigt drei Eichenblätter auf einem liegenden Zweig, das andere eine Greifenklaue im geteilten Feld. Die historisch belegten Inschriften am Erker sind moderne Zutaten.

Das Haus steht auf einem Teil des Areals der 1540/41 abgebrochenen Jakobikapelle. 1547

Sandsteinplatte am Gasthof "Zu den drei Schwanen"

Die alte Post

erwarb Jeremias Schlegel das Grundstück, das der Rat als Bauplatz angeboten hatte. Schlegel errichtete dort den kurzlebigen Gasthof "Zur Glocke". Nach mehrmaligem Besitzerwechsel kam er schließlich an Lamprecht von Altensee, Herr auf Schloß Goseck, der mit Einwilligung des Rates das Gebäude mit einem Kostenaufwand von mehr als 14 000 Gulden umbauen ließ. Anfang des Jahres 1580 war der Neubau vollendet. Nach dem Tode Lamprechts von Altensee (1581) und seiner Frau Margaretha (1587) richtete man um 1600 in dem Haus den Gasthof "Zum Güldenen Harnisch" ein. Bis zum Verlust seiner Gastung im 19. Jahrhundert war er bei Reisenden bevorzugte Unterkunft. Die Namen am Erker erinnern daran. Danach wurde in dem alten Gebäude die Post untergebracht und für 30 Jahre auch das Telegraphenamt. Bei den im Jahre 1926 vorgenommenen Restaurierungsarbeiten erhielt das Haus seine alten Rundbogenfenster wieder, die im 19. Jahrhundert einer neuen Fassadengestaltung mit Rechteckfenstern und Quadermauerwerk weichen mußten.

Die Jüdengasse

Schon früh war den Juden in Naumburg ein eigenes Wohnviertel zugewiesen worden. Von Anfang an lebten sie von den übrigen Einwohnern der Stadt getrennt, was ihren Interessen nach Absonderung und freier Religionsausübung entsprach. Seit ihrer Ersterwähnung bis zu ihrer Vertreibung im 15. Jahrhundert haben die Juden in diesem Stadtteil - der Jüdengasse - gelebt. Hier standen ihre Wohnhäuser und die Gemeinschaftsbauten wie Schule, Synagoge, Rathaus und Ritualbad. Vermutlich hat die Jüdengasse nur einen verschließbaren Ausgang gehabt, was mit der urkundlichen Bezeichnung "Sackwyt" übereinstimmen würde. Heute ist von der einst beachtlichen Präsenz jüdischen Lebens im Bereich der Jüdengasse nichts mehr erhalten.

Gesicherte Aufzeichnungen über die Existenz einer jüdischen Gemeinde datieren ab dem Jahre 1348. In dem Jahr mußten die Juden an den Rat 46 Schock zahlen. Es handelt sich dabei wahrscheinlich um eine Jahressteuer, ein sogenanntes Schutzgeld, das die Juden als "Schutzabhängige" zahlen mußten. Die Höhe des Betrages läßt auf eine größere jüdische Gemeinde schließen. Ein Jahr später kam es zu gewaltsamen Ausschreitungen, bei denen mehrere Juden getötet wurden. Von wem die Initiative zu diesem Pogrom ausging, ist ungewiß. Im Jahre 1410 endlich regelte der Rat in einem Vertrag die Verhältnisse der Juden neu. Danach wurde 22 Juden das Wohnrecht gewährt, und die Gemeinde erhielt das Erbrecht an der Synagoge, der Schule und anderen Gebäuden. Weiterhin sicherte der Rat den Juden Schutz ihres Lebens und ihres Eigentums zu. Dafür mußten die Juden an den Stadtrat eine hohe Summe in zwei Raten zahlen.

Nur wenige Monate nach Vertragsabschluß kam es erneut zur Verfolgung der Juden und zur Beschlagnahme ihres Besitzes. Das geschah bezeichnenderweise an einem Sabbat. Die Entwicklung gipfelte schließlich in der gewaltsamen Vertreibung der Juden aus der Stadt im Jahre 1494. Schule und Synagoge wurden bis auf den Grund zerstört, die Wohnhäuser abgerissen und der Grund und Boden an Naumburger Bürger verkauft. Die ganze Aktion erfolgte so gründlich, daß es bis heute nicht gelungen ist, die einzelnen Bereiche des jüdischen Lebens konkret zu lokalisieren.

Nach der Vertreibung ist es nie wieder zu einer Ansiedlung einer jüdischen Gemeinde gekommen. Allerdings haben sich in den folgenden Jahrhunderten vor allem jüdische Händler zur Peter-Pauls-Messe in Naumburg aufgehalten. Ihr Einfluß auf die Messe war erheblich, obwohl ihnen zahlreiche Meß- und Polizeivorschriften den Handel erschwerten. 1707 besuchten rund 300 jüdische Händler die Stadt. 1801 waren es sogar mehr als 470, deren Geschäfte zu einer Umsatzsteigerung von rund eineinhalb Millionen Talern führten.

Bei diesen Aufenthalten haben die Juden nicht völlig auf die Pflege des religiösen Lebens verzichten müssen. Die Führung einer besonderen Synagoge wurde ihnen zwar 1764 verboten, doch ist später immer wieder von einer Betstube die Rede. 1825 erhielten die Juden sogar einen eigenen Begräbnisplatz vor dem Marientor zugewiesen, der erst 1875 geschlossen und 1883 abgebrochen wurde.

Die Stadtbefestigung

Schon früh wird mit dem Bau von Türmen und Toren, von Mauern, Gräben und Wällen der feste Wille der Bürgerstadt deutlich, ihr Gemeinwesen umfassend zu sichern und zu verteidigen.

1028/30 wird der Ort locus munitus genannt. Damit ist freilich nur die ekkehardingische Burg mit Vorburg und Suburbium gemeint. 1238 erhielt der Bischof als Stadtherr erstmals das Befestigungsregal als ein königliches Hoheitsrecht bestätigt. Dies bezog sich auf die Gesamtstadt mit ihren verschiedenen Siedlungskernen. 1287 erhielten dann Domkapitel und Bürgerschaft das Recht, ihre Stadtteile, die freiheitische Domsiedlung und die Ratsstadt, gesondert mit Gräben, Wall und Mauern zu umgeben. Die danach aufgeführte Wehranlage hat für Jahrhunderte der räumlichen Ausdehnung der Stadt feste Grenzen gesetzt und sie deutlich vom flachen Umland abgeschieden.

Zuerst herrschten Holzbauten, Palisaden, Lehm- und Flechtwände sowie Wall und Trockengraben vor. Mit den großen Veränderungen in der Befestigungskunst seit dem 15. Jahrhundert ging man auch in Naumburg daran, die gesamte Stadtbefestigung zu erweitern und zu modernisieren. In rund 100 Jahren wurden Tore, Türme, Bastionen und Mauern massiv in Stein aufgeführt. Als Baumaterial dienten hauptsächlich Kalk- und Sandstein aus den meist ratseigenen Steinbrüchen der Umgebung. Ein doppelter, im Norden sogar dreifacher Mauerring umgab seit dieser Zeit die Stadt. Davor zog sich ein Trockengraben entlang, über den mehrere Brücken führten. Erhöhten Verteidigungswert brachten die Stadttore. In besonders bedrohlichen Zeiten wurden sie durch vorgesetzte Palisaden, Schanzen und Schanzkörbe zusätzlich geschützt, oder man ließ ihr äußeres Tor einfach zumauern. Eine in den Zeiten der großen Erneuerung niedergeschriebene Kriegsordnung von 1479 regelte die Organisation der Stadtverteidigung.

Der Verlust der militärischen Bedeutung der Wehranlagen, der nach dem 30jährigen Krieg (1618-48) besonders deutlich wurde, führte zum raschen Verfall der städtischen Befestigungen. Nur noch notdürftige Reparaturen wurden vorgenommen. Den größten Teil seiner Wehranlage verlor Naumburg aber in den ersten Jahren nach dem Übergang an Preußen. In relativ kurzer Zeit wurden bis auf das Marientor an der östlichen Befestigungsgrenze die anderen vier Tore der Ratsstadt, das Herren-, das Jakobs-, das Salz- und das Viehtor niedergelegt. Gleiches Schicksal ereilte die nördlichen und westlichen Abschnitte der Ummauerung und des Stadtgrabens. Nach und nach verlor auch die restliche Stadtmauer an Höhe, ebenso der äußere Mauerring. Von den 18 Türmen der inneren und den 16 Türmen der äußeren Mauer sind nur noch Reste vorhanden. Sehenswert ist der Turm der alten Wasserkunst in der Wenzelsmauer und die sogenannte "Landskrone" gegenüber der Vogelwiese. Beide Türme sind Mitte des 15. Jahrhunderts entstanden. Die Wasserkunst wurde im 17. Jahrhundert verändert und mit einem Fachwerkgeschoß versehen. Bis in das 19. Jahrhundert hinein diente sie der städtischen Wasserversorgung.

Von den Befestigungen der Domfreiheit sind noch geringe Reste mit Mauerteilen und Turmstümpfen unterhalb der Domkirche an der Freyburger Straße erhalten.

Die alte Wasserkunst in der Wenzelsmauer

Nietzsche-Haus am Weingarten

Das Nietzsche-Haus

Das Haus am Weingarten gegenüber der alten Stadtmauer zeichnet sich durch eine vorzüglich ausgewogene und gleichmäßige Architektur des späten Klassizismus aus. In dem Gebäude wohnte der Philosoph und Lyriker Friedrich Nietzsche (1844-1900), der hier viele Jahre seines Lebens verbrachte. Nach dem Tode seines Vaters kam der junge Nietzsche im April 1850 in die preußische Provinzstadt Naumburg. Die Familie wohnte zuerst im "Palmbaum" in der Neugasse, danach in dem kleinen Haus der Pastorin Haarseim an der Marienmauer und ab 1858 im Haus am Weingarten, das sie später sogar erwarb.

Den ersten Unterricht in Naumburg empfing Friedrich Nietzsche in der städtischen Bürgerschule am Topfmarkt. Anschließend besuchte er die Privatschule des späteren Othmarsgeistlichen Weber am Salztor und darauf das ehrwürdige Domgymnasium von Quinta bis Tertia. Die Naumburger Schulzeit endete mit der Aufnahme an der Landesschule Pforta im Oktober 1858. "Nach Pforta, nur nach Pforta ging mein Sehnen", schrieb er damals von Naumburg aus. Auch in den Jahren seiner ruhelosen Wanderungen hat sich Nietzsche nie von Naumburg und dem elterlichen Haus am Weingarten trennen können. Seine umfangreiche Bibliothek und seine persönlichen Aufzeichnungen, die er im elterlichen Hause verwahren ließ, bildeten den Grundstock zu dem Archiv, das heute in Weimar besteht.

Zwischen 1991 und 1993 wurde das Haus umfassend saniert und in der Gestalt rekonstruiert, wie es zur Nietzsche-Zeit ausgesehen haben mag. Seit dem Frühjahr 1993 dient es Ausstellungszwecken und vor allem der Nietzsche-Pflege.

Die Münze

Die Inflation zu Beginn des 17. Jahrhunderts fand in der "Kipper-Wipper-Zeit" ihren eigenwilligsten Ausdruck. In den Ländern des zersplitterten deutschen Reichs entstanden in rascher Folge zahlreiche Münzstätten, die minderwertige Münzen prägten und in Umlauf brachten. Die Naumburger "Münze" lag in der Neustraße 46. Kurfürst Johann Georg I. hatte 1621 das damals sehr baufällige Haus für nur 1800 Taler erworben und noch im selben Jahr eine Münzstätte eröffnet. Die hier geprägten Stücke wurden mit einem N versehen. Die zunehmende Münzverschlechterung und deren negative Auswirkungen auf die Geldwirtschaft führten schon bald zur rigorosen Schließung der Münzstätten und zur Zerstörung der Hekkenmünzen. Auch die Naumburger "Münze" wurde kurzerhand geschlossen. Der Münzmeister wurde des Betrugs verdächtigt und verhaftet. Im November 1622 verkaufte der Kurfürst das Haus wieder für die 1800 Taler an seinen Hofrittmeister und Erbmarschall Wolf von Marschalk auf Herrengosserstedt. Es blieb aber weiterhin ein Freihaus und war von der Biersteuer und dem Geschoß (grundsteuerartige Abgabe) befreit. Später kamen noch mehr Privilegien hinzu. Daran erinnert heute noch ein Doppelwappen an der Fassade mit der Inschrift: Chur- und Hoch-Fürstl. Sächs. Gnädigst. Privilegierte Freiheit.

Die Salztorhäuser

Am südlichen Ende des heute stark befahrenen Lindenringes stehen die Salztorhäuser. Sie sind die schönsten Bauten aus der Zeit des Klassizismus, der in Naumburg nur wenige nennenswerte Denkmale hinterlassen hat. Die beiden Torhäuser wurden nach dem Vorbild griechischer Tempelarchitektur im Stile des Prostylos errichtet. Demzufolge erhielt auch nur eine der beiden Schmalseiten eine Säulenreihe. Sie stützt das Gebälk mit dem darüberliegenden Giebel.

Den ersten Entwurf zum Bau der Salztorhäuser hatte der Naumburger Architekt Schröder im Februar 1834 vorgelegt. Er sah Torbauten ohne griechischen Dekor vor. Der Entwurf wurde abgelehnt, "weil er nicht kunstgerecht und einer Stadt wie Naumburg nicht würdig sei". Dagegen blieb der vom Königlichen Kreisbauinspektor Schmidt aus Weißenfels ohne größere Beanstandungen. Schmidt hatte sich bei seinen Entwürfen an den neuen Torbauten in Leipzig, Berlin, Weimar und München orientiert. Zunächst sollte die Säulenhalle der Tore an die Längsseite gestellt werden. Dann entschied man sich aber für die heutige Gestalt. Im Mai 1834 begannen die Bauarbeiten, geleitet von Maurermeister Elschner, den der Maurermeister Crato unterstützte. Das Material bezog man zum Teil aus dem Droysiger Steinbruch, aber auch von dem kurz zuvor niedergelegten Salztorturm. Im Dezember 1834 waren die Häuser im wesentlichen fertiggestellt und bezugsbereit. Kleinere Arbeiten, hauptsächlich die Innenausstattung, nahm man noch im Frühjahr 1835 vor.

Bis zur Aufhebung der in preußischer Zeit eingeführten Mahl- und Schlachtsteuer dienten sie als Zollhäuser, dann als Wach- und Arrestlokal und auch dem Stadtförster als Wohnung. 1914 wurden die Tore im Bereich Dach und Fassade instandgesetzt. Das östliche Torhaus nutzte fortan der hiesige Kunstverein, das westliche bewahrte die von dem früheren Bürgermeister Carl Peter Lepsius gegründete "Bibliotheca Lepsiana". Der Restbestand der "Lepsiana", aus der später die Stadtbibliothek hervorging, befindet sich seit dem Frühjahr 1994 wieder dort. Das östliche Salztorhaus dient seit dieser Zeit als Theater und Ensemblebühne. Die heutigen Salztorhäuser stehen nicht an der Stelle des mittelalterlichen Salztores, sondern außerhalb der Ummauerung. Das mittelalterliche Salztor hatte seinen Platz am östlichen Ausgang der Salzstraße. Es war das stärkste Bollwerk der Stadtbefestigung, das von zwei Türmen zusätzlich gesichert wurde. Vor dem Tor lag eine Brücke, die 1545 aus Steinen des alten Georgenklosters neu erbaut wurde. In Kursächsischer Zeit erhielt der Platz vor dem Salztor eine Postsäule mit Meilenangaben. Sie wurde 1826 abgebrochen, kurze Zeit danach auch das Salztor mit dem gleichnamigen Turm und den angrenzenden Mauerteilen.

Am Stadtgraben östlich vom Salztor stand noch 1573 ein altes Kreuz, an dem man Übeltäter richtete. Das stattliche Gebäude westlich der Torhäuser wurde 1591 als Gasthof "Zum goldenen Scheffel" erbaut. Hier wohnte der Schwedenkönig Gustav Adolf, bevor er in die Schlacht bei Lützen zog. Auch die Dichter Goethe und Wieland zählten zu den Gästen des Hauses. Die Seitenstraße südlich vom "Scheffel" hieß bis 1876 Waidgarten und erinnerte an den einst bedeutenden Naumburger Waidhandel.

Eines der beiden architektonisch auffälligen Salztorhäuser

Restauriertes Gebäude in der Salzstraße

Das Hospital

Über die Gründung eines Hospitals am Fuße des Salzberges berichtet eine Urkunde aus dem Jahre 1336. Danach hatte der Naumburger Bischof Witticho den Bürgern Johannes Lapicida und Conrad von Rochow eine Baustelle vor dem Salztor überlassen, um dort ein Hospital für Arme, Kranke und Fremde zu errichten. Das dem heiligen Jakob geweihte Hospital wurde zuerst von den Gründern unter "Beirat der jedesmaligen Ratsmannen" verwaltet. Später ging die Verwaltung ganz an den Rat über. Eine Stiftung des Dompropstes Johannes von Eckartsberga von 1395 ermöglichte den Ankauf eines der angrenzenden Häuser und des dazugehörigen Gartens, wodurch sich das Hospital beträchtlich ausdehnen konnte. Nach den Willen seiner Stifter widmete es sich vorrangig der Pflege Hilfsbedürftiger. Es war dem Gebot der Nächstenliebe verpflichtet und gewährte somit Reisenden, Alten und Kranken Hilfe und Unterkunft. Daneben betrieb es aber auch eine umfangreiche Landwirtschaft und Tierzucht, die hauptsächlich der Eigenversorgung diente. Auch in der Pachtwirtschaft arangierte sich das Hospital und im Geldverleih. 1449 änderte sich der Charakter des Hospitals in der Weise, daß es fast nur noch der Altenpflege diente. Die Aufnahme in dem städtischen Altersheim war zuerst so teuer, daß der Rat von den geforderten 80 Gulden Abstand nehmen mußte. In den Folgejahren hatte das Hospital ein beachtliches Vermögen angesammelt. Vor allem der Verkauf von Spitalplätzen, von "Pfründen", die zahlreichen Zuwendungen in Testamenten und das Erbe verstorbener Spital-Insassen führten zu einer einzigartigen Kapitalanhäufung, die für den städtischen Geldmarkt von großer Bedeutung wurde.

Der Feuerkatastrophe von 1714 fielen auch die alten Hospitalgebäude zum Opfer. In sehr kurzer Bauzeit wurde ein neues Hospital errichtet und schon 1718 eröffnet. Die Hospitalkirche blieb zunächst aber als Ruine liegen. Erst 1737 wurde der Grundstein zum Kirchenbau an der Ecke zur Michaelisstraße gelegt und bald darauf in Anwesenheit von den 22 Hospitaliten eingeweiht. Zwanzig Jahre später entstand der große Anbau an der Michaelisstraße. Maurermeister Fürstenhaupt und Zimmermann Gerstner waren damals für die Bauausführung verantwortlich. Die aufwendige Führung zweier Hospitäler sowie der bevorstehende Bau eines städtischen Krankenhauses veranlaßten den Rat, die Hospitäler St. Jacob und "Zum Heiligen Geist" zu einer wohltätigen Anstalt zu vereinen. Das erfolgte mit Genehmigung der Königlichen Regierung 1836.

Das Hospital "Zum Heiligen Geist" bestand schon 1318. Die Urkunden nennen es ausdrücklich "Haus der Aussätzigen". Es war also ebenso wie die anderen Hospitäler der Aussätzigenpflege bestimmt und stand an der Stelle des Altenpflegeheimes in der Schönburger Straße. Im Hospital befanden sich eine Kapelle mit Predigtstuhl (Kanzel) sowie eine Badestube aus Eichenbohlen. 1624 wurde das Hospital vor dem Jakobstor von Soldaten schwer zerstört, kurz darauf aber "uffs neue gebauet". Bereits 1636 mußten die Hospitaliten die verwüsteten Hospitalgebäude verlassen. 200 Jahre später wurden sie abgebrochen und an dem Platz das städtische Krankenhaus errichtet.

Othmarskirche

Eine dem heiligen Othmar geweihte Kirche hat schon um 1208 auf der kleinen Anhöhe westlich der heutigen Altstadt gestanden. Ihr Bau erfolgte mit der Erweiterung der Kaufmannssiedlung im 12. Jahrhundert und der damit verbundenen weiteren Ausgestaltung der Kirchenorganisation der jungen Civitas. Von Anfang an war sie als eine Vorstadtkirche gedacht. Der dortige Siedlungskern hat schon im 12. Jahrhundert bestanden und wurde später als Dompropsteivorstadt bezeichnet. Ab 1259 gibt es gesicherte urkundliche Nachrichten. Die damals sehr schlichte Kirche wurde 1392 durch einen Neubau ersetzt, für den der Bischof 2000 Gulden zur Verfügung stellte. Ihm stand zuerst auch das jus patronatus zu, das 1540 an den Stadtrat ging, der nun auch für die Besetzung der Pfarrstelle an Sankt Othmar zu sorgen hatte. Zwei Jahre später wurde der an die Kirche angrenzende Othmarskirchhof aufgehoben. 1690 ließ man den alten hölzernen Bau abtragen, um an gleicher Stelle einen größeren aus Stein zu setzen. Der damals vom Stadtrat vorgetragene Widerspruch gegen eine Stadtkirche mit hohem Turm, die der Stadtmauer zu nahe wäre und im Kriegsfalle deswegen auch eine Gefahr bedeuten würde, wurde abgewiesen. Am 10. Oktober 1690 erfolgte die Grundsteinlegung zu dem Neubau, der zehn Jahre später mit dem Aufsetzen der vergoldeten Engelsfigur auf dem Turm im wesentlichen zum Abschluß kam. Als Baumaterial dienten auch hier die Steine des niedergelegten Georgenklosters.

Das Äußere der Kirche ist in nüchternen Formen des Barocks ausgeführt. Flache Pilaster und Segmentbögen, die fast bis zum Dachgesims aufsteigen, gliedern den Bau, auf dem ein hohes Dach sitzt. Über dem Altarhaus erhebt sich der achteckige Turm mit verschieferter Haube und Laterne. Die Innenausstattung ist spärlich. Zu den älteren Stücken zählt noch die 1494 datierte Altarmensa, deren Unterbau jedoch modern ist. Das hübsch bemalte Lesepult stammt aus dem frühen 16. Jahrhundert. Der Taufstein und das vergoldete Kruzifix gehören der Bauzeit an.

Ein vor Jahren vorgenommener Umbau hat den alten Raumeindruck völlig verändert. Der gesamte Innenraum wurde den neuen Aufgaben der Kirche als Bibliotheks- und Verwaltungsgebäude angepaßt. Für die Gemeinde richtete man im Obergeschoß, das durch das Einziehen einer neuen Decke entstanden war, einen neuen Gemeinderaum ein. Bis zur Aufhebung der Kirchlichen Hochschule in Naumburg diente die Othmarskirche somit als modern eingerichtete Bibliothek.

Nördlich der Othmarskirche stand bis 1844 das Othmarstor. Es war um 1330/32 von Grund auf erneuert worden und gehörte zu den Toren der Domfreiheit. Die Mauern rechts und links vom Othmarstor wurden danach aufgeführt. Es war wie das Herrentor nur ein gemauerter Durchgang mit Tonnengewölbe. Nennenswerte Befestigungen besaß es nicht.

Westlich vom Othmarstor erhob sich ein stattliches Barockgebäude, das nach dem Brand 1714 neu gebaut, 1978 aber abgerissen wurde. Das Stadtmuseum bewahrt von ihm einen Inschriftenstein mit Kapitelswappen auf. Das alte Torwächterhaus fiel den Abbrucharbeiten 1978 ebenfalls zum Opfer.

Die Moritzkirche

Othmarskirche in schlichten barocken Formen

Moritzkirche

Urkundliche Nachrichten über die Gründung des Moritzklosters sind nicht überliefert. Vermutlich geht aber auch diese Stiftung auf die Ekkehardinger zurück, als eine Art Gegenstück zum Georgenkloster. Das Moritzkloster bestand zuerst als Nonnenkloster oder Kanonissenstift. Von ihm ist aus den ersten Jahren seines Bestehens nur bekannt, daß den Insassen die Einhaltung ihrer Ordensregeln Schwierigkeiten bereitete und es ihnen auch so am rechten religiösen Eifer fehlte. Deshalb ließ Bischof Dietrich I. das Kloster noch vor 1119 anstelle der Nonnen mit Augustiner-Chorherren besetzen. Bestätigungen hierfür liegen für die Jahre 1119 und 1138 vor. Damit ist Naumburg einer der ersten Orte in Mitteldeutschland, wo diese Chorherren auf Dauer festen Fuß fassen konnten. Die ausgewiesenen Nonnen kehrten indessen bald wieder zurück (1217 fratros et sarares) und lebten mit den Mönchen in wirtschaftlicher und gottesdienstlicher Gemeinschaft.

Das Mortizkloster galt als Tochterkloster des Doms. Die Chorherren hatten an den Festtagen dort zu erscheinen und mußten sich auch am Totendienst beteiligen. In den mittelalterlichen Urkunden wird das Kloster als Monasterium immediatum beschrieben, es war also unmittelbar dem Bischof unterstellt, der die geistliche Aufsicht über das Kloster führte. Die weltliche Schutzvogtei stand zuerst dem Markgrafen von Meißen, seit 1423 dem Kurfürsten von Sachsen zu. Ansonsten war das Kloster eine von weltlicher Obrigkeit unabhängige und mit einer Gerichtbarkeit ausgestattete Stiftung. Der gesamte Klosterbezirk wurde von einer Mauer geschützt. Zwei Pforten, eine in der Nähe der heutigen Michaelisstraße und eine am jetzigen Moritzplatz, vermittelten den Zugang zum Kloster. In der Mitte des Areals erhob sich die Kirche, wenige Meter daneben die Propstei, das heutige Pfarrhaus, dessen älteste Teile noch der Klosterzeit angehören. Südlich der Kirche befanden sich die Wohnungen der Klosterleute, daneben das Refektorium, die Wirtschaftsgebäude, Scheunen, Ställe und die Unterkünfte des Klostergesindes.

Die Ausstattung des Klosters war bedeutend. Es besaß Ländereien, Äcker, Gehölze, Wiesen und Weinberge, ferner Zinsen von Dörfern und Höfen. Auch waren mehrere Kirchen in das Kloster inkorporiert. Seit 1325 stand dem Mortizkloster das alte Laurenciushospital am Fuße des Burgberges zu. Dennoch reichten die Einkünfte schon im 13. Jahrhundert nicht mehr aus, die dringendsten Bedürfnisse des Klosters zu befriedigen. Hinzu kam der Brand von 1260, der dem Kloster schwere Schaden zufügte. Eine Visitation, die Kardinal Nikolaus von Cues 1451 angeordnet hatte, fand kaum noch ein geordnetes Klosterleben vor, dafür aber fast alle Gebäude dem Einsturz nahe. Propst Nithard Langenberg gelang es noch einmal, das Klosterleben neu zu ordnen. Er ließ sogar die Kirche von Grund auf erneuern. Als er 1521 starb, hatte Martin Luther sein Werk schon begonnen. Nach dem Tode des letzten Propstes zog der Kurfürst den Klosterbesitz ein und verkaufte ihn bis auf Kirche und Propstei 1544 an die Stadt, die die Gebäude abbrechen ließ. An ihrer Stelle entstanden die "Neuen Güter", die mit der Ratsstadt vereinigt wurden.

Die ehemalige Klosterkirche ist im wesentlichen unverändert geblieben. Sie besteht aus einem langen, dreiseitig polygonal geschlossenen Chor und einem sich in gleicher Breite anschließenden zweischiffigen Langhaus. Den Westabschluß bildet die querrechteckige Vorhalle, die seitlich von quadratischen Fassadentürmen eingefaßt wird. Ihre unteren Teile stammen von einem romanischen Vorgängerbau. Der spätgotische Neubau war als Wölbekirche geplant und wurde deshalb mit Strebepfeilern umstellt. Die hohen Fenster dazwischen sind im Chorhaupt zweiteilig, ansonsten dreiteilig und mit unterschiedlichem Fischblasenmaßwerk gefüllt. Das Seitenschiff an der Nordseite zeigt oben einfache Rechteckfenster, darunter aber drei kleine vermauerte Rundbogenfenster aus der romanischen Bauzeit. An der Nordseite lag auch die Klausur.

Die beiden Portale der Kirche sind vorzügliche Steinmetzarbeiten der späten Gotik. Das der Südseite führt zwischen Kehlen runde und eckige Stäbe, die sich im Scheitel kreuzen und dann in das Gewände stoßen. Die äußeren umschließen ein kleines Schild mit dem Zeichen des Meisters V.R., der auch am Rathaus gearbeitet hat und dort die Wappentafel von 1482 schuf. Noch aufwendiger ist das westliche Portal gestaltet, dessen Stäbe sich im Scheitel in Rund-, Spitzund Kielbögen überschneiden.

Die Innenarchitektur ist sehr zurückhaltend und offenbar nach dem Vorbild vieler Bettelordenskirchen gestaltet worden. Die Achteckpfeiler des Mittelschiffes stehen auf hohen Sockeln, haben aber keine Kapitelle. Triumpfbogen und Arkadenbögen zeigen ebenfalls keinen Schmuck, sondern wurden nur beiderseits abgefast. In der Südwand des Chores ist eine kielbogige Sakramentsnische mit hoher Kreuzblume untergebracht.

Das Chorhaupt selbst wird von drei Seiten eines Achtecks gebildet. Der hier aufgestellte Altar stammt inschriftlich von 1504.

Die Grabsteine hinter dem Altar verdienen archäologisches und künstlerisches Interesse. Sie waren bis 1928 in der Wand des Seitenschiffes eingemauert. Der Gedächtnisgrabstein für den Naumburger Bischof Richwin (1123-25) wurde kurz nach 1260 geschaffen. Er zeigt in der Mitte die rohen Umrisse eines Bischofs in Amtstracht, in der Linken den Stab, in der Rechten ein Buch haltend. Neben diesem Grabstein steht der des Propstes Nithard Langenbergs von Eckartsberga und auf der anderen Seite der Stein des Christian Dressler, des letzten Propstes von Sankt Moritz. Langenbergs Grabstein zeigt in Flachrelief einen Geistlichen unter Astwerkbaldachin. Ähnlich ist der des Propstes Dressler gestaltet.

Das bedeutendste Kunstwerk der Moritzkirche, ein Triumpfkreuz von 2,60 Metern Länge, wurde 1913 an die Staatlichen Museen Berlin verkauft. Von der Kreuzgruppe blieben lediglich der Corpus Christi und die wesentlich kleinere Marienfigur erhalten. Die Kreuzgruppe zählt zu den frühen Beispielen für den Dreinagelkruzifixus und entstand um 1230.

1705/06 erfolgte die erste umfassende Instandsetzung der Kirche, 1840 nahm man erneut größere Reparaturen und Umbauten vor. Damals wurde bis 1867 der schadhafte Nordwestturm neu aufgeführt.

Zehn Jahre später begann eine durchgreifende Restaurierung, die erst 1880 zum Abschluß kam. Man bemühte sich, den ursprünglichen Zustand wiederherzustellen und beseitigte die barocke Ausstattung. Jüngste Instandsetzungen erfolgten zu Beginn der 90er Jahren unseres Jahrhunderts.

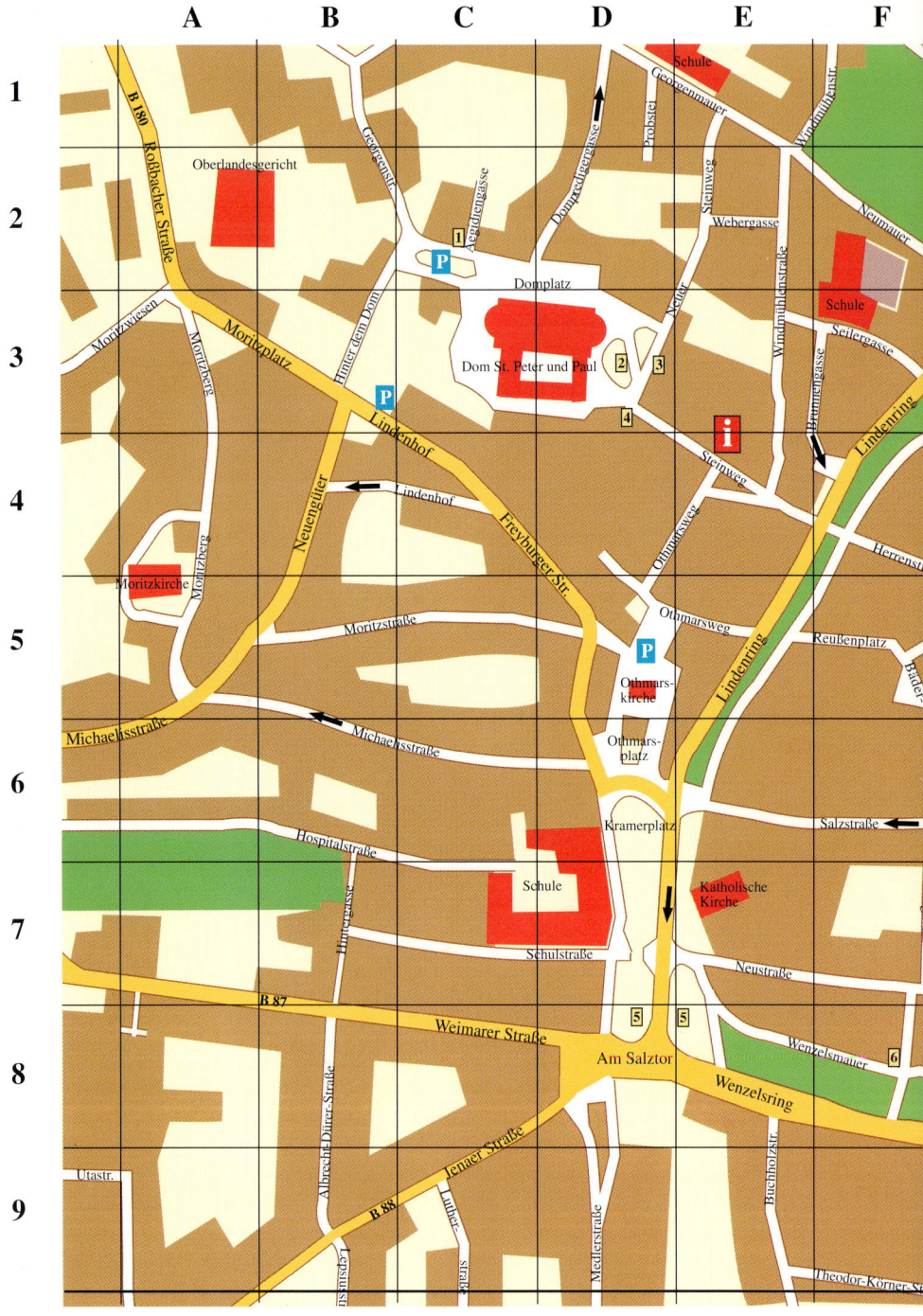

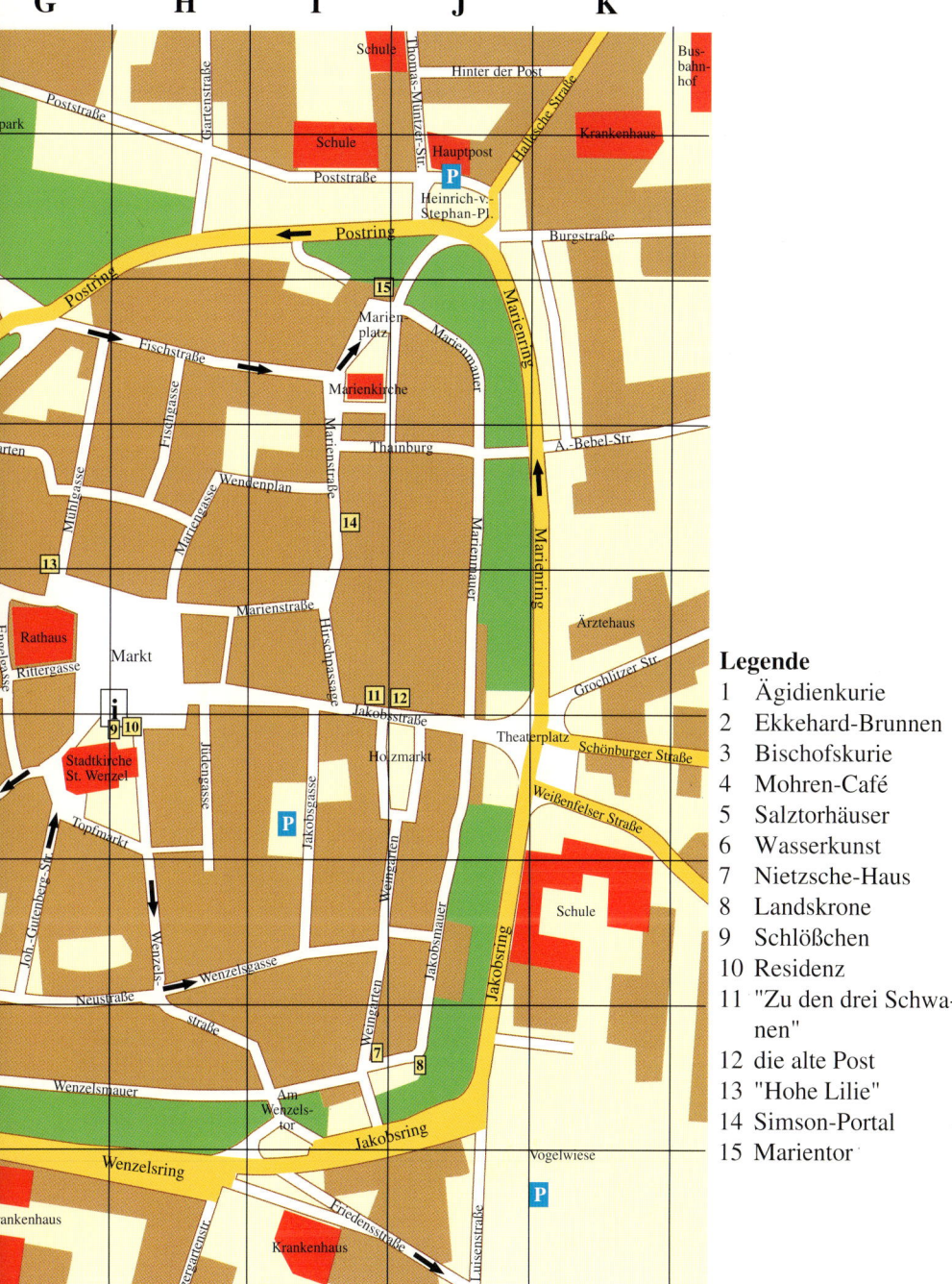

G   H   I   J   K

Busbahnhof

Schule

Hinter der Post

Poststraße

Gartenstraße

park

Schule

Poststraße

Poststraße

Hauptpost

Thomas-Müntzer-Str.

Hallische Straße

Krankenhaus

P

Heinrich-v.-Stephan-Pl.

Postring

Burgstraße

Postring

15

Marienplatz

Marienmauer

Marienring

Fischstraße

Fischstraße

Marienkirche

Thainburg

A.-Bebel-Str.

Marienring

Mühlgasse

Mariengasse

Wendenplan

Marienstraße

Marienmauer

14

13

Engelgasse

Rathaus

Marienstraße

Hirschgasse

Ärztehaus

Markt

Rittergasse

Grochlitzer Str.

11 **12**

Jakobsstraße

9 **10**

Stadtkirche St. Wenzel

Theaterplatz

Schönburger Straße

Holzmarkt

Jakobsgasse

Jüdengasse

Weißenfelser Straße

Topfmarkt

P

Joh.-Gottenberg-Str.

Weingarten

Jakobsmauer

Schule

Wenzelsgasse

Wenzelsstraße

Jakobsring

Neustraße

Wenzelsmauer

7

8

Am Wenzelstor

Jakobsring

Vogelwiese

Wenzelsring

P

Krankenhaus

Burgbergerstraße

Krankenhaus

Friedensstraße

Lutherstraße

Legende
1 Ägidienkurie
2 Ekkehard-Brunnen
3 Bischofskurie
4 Mohren-Café
5 Salztorhäuser
6 Wasserkunst
7 Nietzsche-Haus
8 Landskrone
9 Schlößchen
10 Residenz
11 "Zu den drei Schwanen"
12 die alte Post
13 "Hohe Lilie"
14 Simson-Portal
15 Marientor

Straßenverzeichnis

Ägidiengasse	C 2	Lindenhof	B/C 3/4	Th.-Müntzer-Straße	J 1/2
Albrecht-Dürer-Str.	B 8/9	Lindenring	E/F 3/5	Topfmarkt	G/H 6
Am Salztor	D 8	Luisenstraße	J 9	Utastraße	A 9
Am Wenzelstor	I 8	Lutherstraße	C 9	Vogelwiese	J/K 8/9
August-Bebel-Straße	K 4	Mariengasse	H 4	Webergasse	E 2
Bädergasse	F/G 5	Marienmauer	J 3/5	Weimarer Straße	A/C 7/8
Biergartenstraße	H 9	Marienplatz	I 3	Weingarten	I/J 6/7
Brunnengasse	E/F 3	Marienring	J/K 2/5	Weißenfelser Straße	K 6
Buchholzstraße	E 8/9	Marienstraße	H/I 4/5	Wendenplan	H/I 4
Burgstraße	K 2	Markt	G/H 5	Wenzelsgasse	H/I 7
Domplatz	C/D 2	Medlerstraße	D 9	Wenzelsmauer	E/H 8
Dompredigergasse	D 1/2	Michaelisstraße	A 5/6	Wenzelsring	E/H 8/9
Engelgasse	G 5/6	Moritzberg	A 3/4	Wenzelsstraße	H 7/8
Fischstraße	H/I 3	Moritzplatz	A/B 3	Windmühlenstraße	E/F 1/3
Fischgasse	H 3/4	Moritzsatraße	B/C 5		
Freyburger Straße	C/D 4/5	Moritzwiesen	A 3		
Friedensstraße	I/J 9	Mühlgasse	G 3/4		
Gartenstraße	H 1	Neuengüter	B 4/5		
Georgenmauer	D/E 1	Neuer Steinweg	D/E 2		
Georgenstraße	B 1/2	Neumauer	F 2		
Grochlitzer Straße	K 5	Neustraße	E/H 7		
Hallesche Straße	J/K 1/2	Othmarsplatz	D 6		
H.-v.-Stephan-Platz	J 2	Othmarsweg	D/E 4/5		
Herrenstraße	F/G 4/5	Postring	G/I 2/3		
Hinter dem Dom	B 3	Poststraße	G/I 1/2		
Hinter der Post	J/K 1	Propstei	D 1		
Hintergasse	B 7	Reußenplatz	F 5		
Hirschpassage	I 5	Rittergasse	G 5		
Holzmarkt	I/J 6	Rosengarten	G 4		
Hospitalstraße	A/C 6	Roßbacher Straße	A 1/2		
Jakobsgasse	I 6/7	Salzgasse	F 7		
Jakobsmauer	J 6/8	Salzstraße	F/G 6		
Jakobsring	I/J 6/8	Schönburger Straße	K 6		
Jakobsstraße	H/J 5/6	Schulstraße	C/D 7		
Jenaer Straße	B/C 9	Seilergasse	F 3		
J.-Gutenberg-Straße	G 7	Steinweg	E 4		
Jüdengasse	H 6	Thainburg	I/J 4		
Kramerplatz	D 6	Theaterplatz	J/K 6		
Lepsiusstraße	B 9	Th.-Körner-Str.	F/G 9		

Ausflüge in die Umgebung

Rund fünf Kilometer nordöstlich von Naumburg liegt die alte Bischofsfeste **Schönburg**, die sich auf einem roten Sandsteinfelsen etwa 70 Meter über der Saale erhebt. Hier hat sie wohl schon in ottonischer Zeit als Grenzfeste gedient, doch urkundlich erwähnt wurde sie erstmals erst 1137, seinerzeit bereits als Besitz der Naumburger Bischöfe, die zwischen 1150 und 1220 die kleine Anlage großzügig ausbauten. Aus dieser Zeit stammen beispielsweise Palas und Kapelle sowie der 30 Meter hohe Bergfried. Vorburg und Kernburg werden von einer Ringmauer ohne Außenwerke gesichert, die nur an der Zugangsseite verdoppelt und am Vorburgtor wie eine Bastion ausgeweitet ist. Den Zugang zur Hauptburg vermittelt ein quadratisches Torhaus mit Scharten und Gießschlot. An diesem Gebäude befinden sich eine Flachbogennische mit Vorrichtungen für Fallgatter und Zugbrücke und eine weitere Nische. Das rundbogige Portal besitzt Ecksäulchen und Würfelkapitelle, dessen Palmettendekor dem in der Krypta des Naumburger Doms ähnlich sieht. Vom zweigeschossigen Palas sind Mauerreste mit romanischen Fensteröffnungen erhalten.

Nordostwärts von der Schönburg liegt am linken Saaleufer die alte **Pfalzgrafenburg Goseck**, die bereits in den Hersfelder Verzeichnissen des 9. Jahrhunderts erwähnt wird. Als einstige Reichsburg kam sie in den Besitz der Pfalzgrafen von Sachsen, die sie zum Stammsitz ausbauten. Doch schon 1041 wurde die Befestigung an der Saale in ein Benediktinerkloster umgewandelt. Von der alten Klosterkirche gehören heute nur noch die Ostteile, Reste des Langhauses und der Chor der frühen Bauzeit an. Die unter dem Chor liegende Krypta wurde nach der Säkularisierung der Stiftung durch Einziehen einer Quertonne zweigeschossig unterteilt. In dem oberen Raum sind noch Reste spätgotischer Wandmalereien erhalten. Um 1600 wurde die gesamte Anlage unter Einbeziehung vorhandener Teile zu einem Schloß umgebaut. Der zweigeschossige Querflügel im Westen der Anlage wurde nach 1602 unter Franz von Königsmarck errichtet.

Die auf einem Bergsporn über der Unstrutstadt Freyburg gelegene **Neuenburg** war die stärkste Burg der Thüringer Landgrafen. Unter Ludwig dem Springer um 1080/90 erbaut, galt sie als strategischer Brückenkopf zur Sicherung der Besitzungen im Osten, war aber auch beliebter Aufenthaltsort der Landgrafen. Ludwig III. ließ im inneren Burghof die Doppelkapelle errichten, die mit ihren reichen Schmuck- und Bauformen ein Juwel mittelalterlicher Baukunst darstellt. Von den Türmen der weitläufigen Vorburg steht noch der „Dicke Wilhelm", der, von der barocken Haube abgesehen, komplett in die Romanik gehört. Hoch über der Saale (75m) liegt die vorwiegend romanische **Rudelsburg** bei Bad Kösen. Ihr gegenüber erhebt sich nicht ganz so „stolz" die **Burg Saaleck**. Beide dienten im 12. und 13. Jahrhundert der Sicherung der wichtigen Handelswege in dieser Region. Die Rudelsburg wurde mehrfach gestürmt und geschliffen. Der 30jährige Krieg hinterließ sie schließlich als Ruine, die sie bis ins ausgehende 19. Jahrhundert blieb. Dann setzten Instandsetzungen und Restaurierungen ein, die sich über mehrere Jahrzehnte hinzogen und noch heute Teile der Anlage prägen.

Fähre im Blütengrund nahe der Mündung der Unstrut in die Saale

Ganz früh oder ganz spät. Das ist der Grundsatz, will man in Naumburg das beeindruckende Bild von der Stadtkirche St. Wenzel mit dem „Schlößchen" im Vordergund aufnehmen. Die meiste Zeit des Tages liegt die Gebäudekombination im Gegenlicht ebenso wie die benachbarte Residenz oder der Marktbrunnen, dessen „steinerner Mann" nach Norden schaut. Das Rathaus mit dem leuchtenden Portal an der Marktseite „genießt" vollständig die Vormittagssonne, während die prächtigen Fassaden zwischen den Einmündungen zur Herren- und zur Marienstraße den ganzen Tag über vom Licht verwöhnt werden. Verwöhnt wird auf dem Marktplatz auch der Fotograf, der genügend Platz zum verzerrungsfreien Gestalten hat. Leider sieht er sich in den meisten anderen Fällen dem Gegenteil ausgesetzt. Zwar sind in Naumburgs Innenstadt die Straßen nicht unbedingt enger als in verwinkelten Fachwerkstädten, doch die oft recht hohen Steinbauten lassen die Straßenzüge die meiste Zeit des Tages zu schattigen Schluchten werden. Zum Ablichten des Simson-Portals am Peter-Pauls-Haus in der Marienstraße steht einem kaum eine Stunde zur Verfügung, will man die Sonne nutzen. Allerdings muß das hier vorhandene steile Seitenlicht nicht unbedingt von Vorteil sein, da es äußerst harte Schatten wirft und mehr an Details verdeckt als Plastizität hervorhebt. Indirektem Licht sollte man deshalb hier den Vorrang geben und zumindest bei Diafilm einen Skylightfilter benutzen. Die „Straßenschluchten" haben noch einen Nachteil: Will man eines der großen Bürgerhäuser im ganzen auf den Film bannen, gelingt dies entweder gar nicht oder nur in schräger und durch Weitwinkel-Linsen stark verzerrter Perspektive. Hier endet dann meist das Latein des Kleinbild-Hobbyknipsers, denn ohne großformatiger Plattenkamera ist da dann nichts zu machen.

Ohne Diskussion ist Naumburgs wichtigste Sehenswürdigkeit der Dom St. Peter und Paul, und ebenso ist dieser das beliebteste Fotomotiv. Aus der Nähe bieten sich vor allem die Ostteile am Domplatz an. Morgens bis in den zeitigen Vormittag sorgen die prächtigen Motive für erhöhten Filmverbrauch. Der klassische Blick zielt aus dem Steinweg über den Ekkehard-Brunnen zum Ostchor mit den Osttürmen. Aber auch aus der Nordostecke des Domplatzes erschließt sich eine beeindruckende Perspektive, die das Gewaltige klerikaler Kunst unterstreicht. Wer erst am Nachmittag eintrifft, hat vom westlichen Kreuzgangflügel aus noch einen schönen Blick auf die Osttürme und etwa die Hälfte des Langhauses. Der Dom bietet aber auch aus der Ferne eine Fülle reizvoller Motive in zig Varianten, da sich der Vordergrund je nach Standort vielfältig gestalten läßt.

-dt

Naumburg ist durch den Verkehr gut erschlossen. Die Stadt kann von zwei Autobahnen aus schnell und bequem erreicht werden. Auf der A 9 von Berlin nach München benutzt man die Abfahrt Weißenfels, um von hier nach etwa 22 Kilometern auf der B 87 Naumburg zu erreichen. Noch kürzer ist die Verbindung von der Abfahrt Osterfeld in Richtung Naumburg. Auf der fast völlig ausgebauten B 180 sind es nur 15 Kilometer bis in die Domstadt. Auch die A 4, die aus dem Frankfurter Raum kommt und nach Dresden führt, ist nicht weit von Naumburg entfernt. Von der Abfahrt Jena sind es auf der B 88 etwa 40 Kilometer, von der Abfahrt Weimar auf der ausgebauten B 87 rund 43 Kilometer bis in die Stadt.

Auf Parkmöglichkeiten wird bereits an den Zufahrtsstraßen und am Altstadtring hingewiesen. In der Altstadt sind die Parkgelegenheiten begrenzt und meist mit Parkuhr verbunden. Viele innerstädtische Bereiche um Dom und Marktplatz sind generell nur mit Sondergenehmigung befahrbar. Empfohlen sei daher, den Großparkplatz „Vogelwiese" am Altstadtring zu nutzen, der von hier aus nicht zu übersehen ist. Da der über die Bundesstraßen rollende Fernverkehr über diesen Ring geführt wird, ist ein Verfahren beinahe unmöglich. Der Parkplatz ist allerdings nicht bewacht.

Begrenzte Parkmöglichkeiten bietet die westliche Seite des Domplatzes sowie ein kleiner Parkplatz unterhalb des Doms an der Freyburger Straße. Die Zufahrt zu beiden Parkplätzen ist nur über die Freyburger Straße möglich. Bei der Suche nach einem freien Parkplatz sollte man immer davon ausgehen, daß die Straßen der Altstadt nach mittelalterlichen Gesichtspunkten angelegt wurden und daher nicht für den modernen Autoverkehr geeignet sind. Ein Durchfahren der engen Straßen und Gassen der Altstadt kann außerordentlich beschwerlich und zeitaufwendig werden. Ganz zu schweigen vom damit verbundenen Nervenkrieg, der dem zu erwartenden Kunstgenuß im Dom oder in der Stadtkirche sicher eher abträglich ist. Dabei gelangt man vom Parkplatz Vogelwiese in wenigen Minuten zu Fuß in die Altstadt.

Weitaus unproblematischer ist die Anreise mit der Eisenbahn. Man kann hierfür sowohl Schnell- und Personenzüge als auch den ICE benutzen. Vom Hauptbahnhof, der allerdings einige Kilometer vom Zentrum entfernt liegt, verkehren regelmäßig kleine Zubringerbusse der örtlichen Verkehrsgesellschaft. Fahrpläne sind hier erhältlich bzw. einzusehen. Die bequemen Kleinbusse erreichen nach wenigen Minuten die Innenstadt, wo zahlreiche Haltestellen eingerichtet worden sind.

Innerhalb der Altstadt sollte man sich auf altbewährte Weise fortbewegen: per pedes apostolorum (zu Fuß wie die Apostel). Dabei ist natürlich auf angemessenes Schuhwerk zu achten. Das Altstadtpflaster ist stökkelschuhfeindlich!

Hinweise und Empfehlungen

Hotels/Pensionen

Hotel „Stadt Aachen"
Markt 11; Tel.: (03445) 2470
Das Hotel liegt mit seinen stattlichen Bürgerhäusern direkt am historischen Marktplatz vis-à-vis der Wenzelskirche.
38 Zimmer u. 2 Suiten; Dusche, WC, TV, Telefon; Hunde auf Anfrage
Das Hotel-Restaurant Carolus Magnus empfängt seine Gäste sowohl in der Romanischen als auch in der Carolus Stube und bietet europäische Speisen. Mit etwa 55 Plätzen ist der Ottonenkeller, ein mittelalterliches Gewölbe, Feiern und Konferenzen vorbehalten.

Hotel „Zur Alten Schmiede"
Lindenring 36/37; Tel.: (03445) 8161
In zentraler Lage, 5 Minuten von Dom und Markt entfernt, entstand anstelle der alten und baufälligen Schmiede ein Neubau, der Erhaltenswertes vom Vorgänger in der gastronomischen Einrichtung bewahrt.
30 Zimmer; Dusche/WC, Radio, TV, Telefon; Hund erlaubt
Restaurant im Stil einer alten Schmiede, Weindiele; Weinverkostungen gehören zum Angebot

Garnihotel „Stadt Naumburg"
Friedensstr. 6; Tel.: (03445) 201614
66 Zimmer und 4 Suiten; WC/Dusche/Bad; TV, Telefon, Radio, Parkplatz am Haus, Minibar im Zimmer
Restaurant, Diskothek, Sauna, Busparkplatz

Gasthaus und Pension „Zum Alten Krug"
Lindenring 44; Tel.: (03445) 200406

Mitten im Zentrum der Stadt Naumburg gelegenes Haus mit Altstadt-Ambiente.
9 Zimmer; Dusche/WC, Radio, TV, Telefon, Hund erlaubt; abgeschlossene Garage (kostenpflichtig)
Der rustikale Gastraum im Fachwerkstil bietet 35 Personen Platz. Die deftigen Speisen werden in handgearbeitetem Keramikgeschirr serviert.

Caféhaus und Pension Kattler
Lindenring 40; Tel.: (03445) 202823
4 Zimmer, 2 Suiten, Dusche/WC, Radio, TV

Gasthaus und Pension „St. Othmar"
Othmarsplatz 7; Tel.: (03445) 201213
3 Zimmer, Etagendusche mit WC; Zimmer mit TV; Hund extra; Parkmöglichkeiten vorhanden
Das Gasthaus wartet mit gutbürgerlich-feiner Küche auf; ideal für Reisegruppen bis zu 65 Personen. Auf Wunsch finden Wein- und Sektverkostungen statt.

Hotel „Garni"
Marienstraße 12; Tel.: (03445) 200370
12 Zimmer; Dusche/WC, Radio, TV, Telefon, Parkplatz am Haus, teilweise überdacht im abgeschlossenen Grundstück

Hotel „Siedlungsklause"
Friedrich-Nietzsche-Str. 21; Tel.: (03445) 71790
Das Haus befindet sich in ruhiger Lage am Rande der Stadt Naumburg.
27 Betten; Dusche/WC, TV; Parkmöglichkeiten auf dem Grundstück; Hund erlaubt; Fahradverleih; geeignet auch für Tagungen, Geschäftsessen, Familienfeiern

Hotel „Deutscher Hof"
Franz-Ludwig-Rasch-Str. 10; Tel.: (03445)
702734
10 Zimmer; teilweise mit Dusche/WC; Radio, TV, Telefon, Minibar, Hunde erlaubt
(kostenpflichtig)

Gasthof „Waldmannsruhe"
Jägerstr. 79; Tel.: (03445) 700164
2 Zimmer, 1 Suite; Dusche/WC bzw. Etagendusche mit WC; TV, Radio, Parkplatz
am Haus, Hunde erlaubt
Traditionsgaststätte mit deutscher Küche;
Biergarten

Gasthof „Zur Weintraube"
Georgenstr. 16; Tel.: (03445) 3792
3 Zimmer; Etagendusche mit WC; Radio,
TV, Garten/Liegewiese, Hunde erlaubt

Gasthof „Zum Bahnhof"
Roßbacher Str. 10; Tel.: (03445) 202707
4 Zimmer; Etagendusche mit WC; TV, Parkplatz am Haus, Waschmaschinenbenutzung

Gasthof „Zur Jägerklause"
Flemminger Weg 41 c; Tel.: (0171) 6240279
5 Zimmer; Dusche/WC bzw. Etagendusche
mit WC; Radio, Terrasse/Balkon, Sommerpool am Haus, Garten/Liegewiese, Parkplatz am Haus

Pension Hentschel
Lindenhof 16; Tel.: (03445) 201230
Die Pension befindet sich direkt unterhalb
des Doms
4 Zimmer; Dusche/WC; TV, Radio, Parkmöglichkeit direkt vor dem Grundstück

Pension „Waldhof"
Dorfstr. 40; 06618 Janisroda

Tel.: (034466) 214
Der Ort liegt idyllisch und ruhig etwa 4 km
von Naumburg entfernt.
4 Zimmer; Dusche/WC; TV, Radio, Parkmöglichkeit auf dem Grundstück

Jugendgästehaus Naumburg
Am Tennisplatz 9 ; Tel.: (03445) 703422

Campingplatz Naumburg
Blütengrund; Tel.: (03445) 202711
Etwa 4 Kilometer von Naumburg entfernt,
auf einem Wiesengelände an der Mündung
von Saale und Unstrut; ganzjährig geöffnet;
Hundeverbot; separater Jugendplatz
Naturschwimmbad

Restaurant

Naumburg besitzt viele Restaurants. Hier
kann nur eine kleine Auswahl erfolgen, einige sind auch bereits unter Hotels/Pensionen
genannt. Die Gasthäuser „Zu den drei Schwanen" (Jakobsstraße 28/29) und „Zum Apfelbaum" (Salzhofpassage) sowie die „Domklause" (Herrenstraße) bieten vorwiegend
einheimische Gerichte an in teilweise rustikalem Ambiente. Für den gehobenen Anspruch empfiehlt sich der „Ratskeller" ebenso wie das Restaurant „Stadt Aachen" mit
verschiedengestalteten Räumen. Wer jedoch
die ausländische Küche bevorzugt, kommt
auch in Naumburg nicht zu kurz. Griechische, türkische, chinesische und andere asiatische Restaurants laden zum Schmaus ein.

Sehenswürdigkeiten/Museen

Naumburger Dom
Domplatz 16, Tel.: (03445) 201675
Öffnungszeiten: November-Februar: Mo-Sa
9-16 Uhr u. So/Feiertag 12-16 Uhr; April-
September: Mo-Sa: 9-18 Uhr u. So/Feiertag
12-18 Uhr; März und Oktober: Mo-Sa 9-17
u. So/Feiertag 12-17 Uhr; letzter Einlaß 30
Minuten vor Schließung; deutschsprachige
Führungen sind immer zur vollen Stunde
möglich

Stadtkirche St. Wenzel
Topfmarkt; Tel.: (03445) 8401
Öffnungszeiten: November-März: Mo-Fr
10-16 Uhr, An Feiertagen und Wochenen-
den geschlossen; April-Oktober: Mo-Fr 10-
16 Uhr, Sa 10-12 u. 14-16 Uhr, So/Feiertag
11-16 Uhr
Stadtkirche mit Aussichtsturm

Museumseck
Herrenstraße; Tel.: (03445) 273104
Ausstellung über Handel, Handwerk, Kunst
und Geschichte Naumburgs
Öffnungszeiten: Di-Fr 13-18 Uhr, Sa 10-13
u. 14-17 Uhr, So 14-18 Uhr

Marientor
Marienplatz
Einzig bestehendes Stadttor der Naumburger Befestigungsanlage und eines der am
besten erhaltenen Torburgen in Deutschland
Öffnungszeiten: täglich 9-18 Uhr

Nietzsche-Haus
Weingarten 18; Tel.: (03445) 201638
Ausstellungen u. a. zum Gedenken an Fried-
rich Nitzsche

Öffnungszeiten: Di-Fr 14-17 u. Sa/So 10-16
Uhr

Kultur/Galerien

Puppentheater der Stadt Naumburg und
„Kleine Bühne" (Kabarett)
Am Salztor 1; Tel.: (03445) 202764

Ideenschmiede
Holzmarkt 8, Eingang Jakobsmauer; Tel.:
(03445) 201595

"Art" im Salztor
Salztorhaus; Tel.: (03445) 202764

Galerie im Gutshaus; Maria Dietl
06618 Großjena; Tel.: (03445) 200274

Galerie Görl
Salzstraße 34; Tel.: (03445) 202445

Galerie am Dom
Steinweg 6/7; Tel.: (03445) 202760

Sport

Naturschwimmbad „Blütengrund"
Öffnungszeiten: Mai bis September

Schwimmhalle am Linsenberg
(mit Sauna)
Linsenberg 15; Te.: (03445) 703123

Grobers Reiterhof Großjena
06618 Großjena; Tel.: (03445) 200284

Fahrradverleih im „Radhaus"
Rosengarten 6; Tel.: (03445) 3119
Reparaturen werden ebenfalls übernommen

Fahrradverleih Fähre Blütengrund

Fahrradverleih im „Töpferstübchen am Dom"
Domplatz 20; Tel.: (03445) 3375

Fitneß-Sauna-Studio
Michaelisstraße 49

Fitneß-Center
Rosa-Luxemburg-Str. 24; Tel.: (03445) 703299

Traditionelle Feste

„Country & Trucker Fest"
im April

„Hussiten-Kirschfest" mit Peter-Pauls-Messe und Festumzug
letztes Wochenende im Juni

„Naumburger Weinfest" mit Töpfermarkt
letztes Wochenende im August

Gottesdienste

Evangelische Gottesdienste
Naumburger Dom, Stadtkirche St. Wenzel"
(im Winter in der Marienkirche), Othmarskirche sonntags und an kirchlichen Feiertagen 10 Uhr

Katholische Gottesdienste
Katholische Kirche „St. Peter und Paul",
Lindenring
samstags 18 Uhr (Winter) und 19 Uhr (Sommer), sonntags und an kirchlichen Feiertagen 9.30 Uhr

Informationen

Naumburg-Tourist
Steinweg 3 (in unmittelbarer Nähe vom Naumburger Dom); Tel./Fax: (03445) 202514
vom Deutschen Fremdenverkehrsverband anerkannte Tourist-Informationsstelle
Öffnungszeiten: Mo-Fr 9-18 Uhr; Sa 9-12 u. 13-17 Uhr; So/Feiertag 10-12 u. 13-17 Uhr
Vermittlung von Hotel- und Privatzimmern, Stadt- und Domführungen, Burgenrundfahrten, gastronomischen Leistungen sowie Wein- und Sektverkostungen; Verkauf von Eintrittskarten für ausgewählte kulturelle Veranstaltungen, von Publikationen über Naumburg und Umgebung sowie von regionaltypischen Souvenirs

Fremdenverkehrsamt
Markt 6; Tel./Fax: (03445) 201614
Öffnungszeiten: Mo-Fr 9-18 Uhr, Sa 10-16 Uhr, So/Feiertag 10-14 Uhr
Touristische Auskünfte; Vermittlung von Zimmern sowie von Stadt- und Domführungen; Kartenvorverkauf; Organisation von Tagesprogrammen und Gruppenreisen, Angebot an Publikationen

Stadtrundgänge

Zwischen Domberg und Marktplatz

Der Stadtrundgang beginnt am Domplatz. Gegenüber vom Dom erhebt sich der monumentale Gerichtsbau des Oberlandesgerichtes, ein paar Schritte weiter links daneben die Ägidienkurie. Von hier führt die große Georgenstraße zum Georgenberg, wo das ekkehardingische Hauskloster gestanden hat. Nun hält man sich östlich, vorbei an stattlichen Kurien und Freihäusern der Domherren. Gegenüber erhebt sich der viertürmige Peter-Pauls-Dom, dessen Eingangshaus an der östlichen Seite liegt. Davor steht der Ekkehard-Brunnen von 1858, ihm gegenüber die Bischofskurie. Hier lohnt es, den Hinterhof aufzusuchen, um den frühromanischen Wohnturm sehen zu können. Anschließend biegt man am "Mohrencafé" in den Steinweg, der zum Lindenring führt. Er verdeutlicht den Verlauf der ehemals befestigten Grenze zwischen Domsiedlung und Bürgerstadt. Vom Lindenring aus geht es links in Richtung der Ringpromenade, die an dem neu gestalteten Stadtpark vorbeiführt. An dieser Stelle lag der alte städtische Gottesacker, der im April 1945 zerstört worden ist. Der angrenzende Domfriedhof dahinter ist noch gut erhalten und besitzt mit der Johannes-Kapelle einen vorzüglichen Bau der Romanik. Vom Stadtpark geht es nun weiter in Richtung des mittelalterlichen Marientores, vor dem das Postgebäude steht und links neben diesem der monumentale Schulbau des Lepsius-Gymnasiums. Hier lag der alte Judengottesacker, der 1883 geschlossen wurde. Nach einer Besichtigung des Marientores geht es die Marienstraße entlang, vorbei an der barocken Marienkirche und den Bürgerhäusern. An der linken Straßenseite steht das Peter-Pauls-Haus mit dem auffälligen Portal von 1574. Wenige Schritte weiter befindet sich das alte Café "Prokop", dessen Fassade mit Wandbildern gestaltet ist, die sich auf das Naumburger Kirschfest beziehen. Nach nur wenigen Metern erreicht man den Marktplatz, dem Zentrum der Altstadt mit Rathaus, Stadtkirche und Bürgerhäusern des 16. bis 19. Jahrhunderts. Vom Marktplatz führt die Herrenstraße ab, an deren linker Seite zuerst das Neuhaus mit dem "Museumseck" steht, hinter dem dann die Engelgasse abzweigt. Außerdem besteht hier mit der Badergasse eine Verbindung zum alten Reußenplatz. Folgt man nun aber weiter der Herrenstraße, vorbei an alten Bürgerhäusern mit vielgestaltigen Erkern, gelangt man bis zum Lindenring und über den Steinweg wieder zurück zum Ausgangspunkt am Dom.

Zwischen Vogelwiese und Kramerplatz

Wer mit dem Auto nach Naumburg kommt, kann auf der Vogelwiese östlich der Altstadt parken. Von hier aus, dem traditionellen Platz des bekannten Hussiten-Kirschfestes, gelangt man am klassizistischen Schützenhaus vorbei und an der Stadtbefestigung entlang direkt auf den Theaterplatz. An der rechten Ecke steht das Realgymnasium, erbaut 1905. Dem schließen sich die Bauten der Ratsziegelei und des dort eingerichteten Theaters des 19. Jahrhunderts an. An den Straßen nach Halle und Leipzig lag die im Mittelalter eingerichtete Pferdeschwemme, dahinter das Heiliggeist-Hospital und das Siechenhaus. Vom Theaterplatz aus führt die Jakobsstraße, an deren östlichem Ende das Jakobstor stand, vorbei an dem 1384 angelegten Holzmarkt und vorbei an der Stelle der 1541 abgetragenen Jacobi-Kapelle (Gasthof "Zu den drei Schwanen") in Richtung Marktplatz. Bevor man diesen erreicht, kommt der Zugang zur Jüdengasse, dem Wohnviertel der mittelalterlichen Judengemeinde. Hält man sich am Marktplatz dann links, erreicht man, vorbei an Residenz und "Schlößchen", die Salzstraße. Links am Eingang zu dieser Straße erhebt sich das historische Gebäude der alten Ratsschule und der städtischen Waage. Gegenüber davon befinden sich der Topfmarkt und die Stadtkirche Sankt Wenzel. Die Salzstraße, eine wichtige mittelalterliche Durchgangsstraße und mit Stadttor und Turm gesichert, führt zum Salzberg und zum Kramerplatz, wo an der einen Seite die Othmarskirche, links daneben das Hospital sowie an der anderen Seite die klassizistischen Torhäuser stehen. An der Südseite des Platzes erhebt sich der Bau des alten Schwurgerichtes, östlich davon das Präsidentenhaus, das die Stelle des 1714 abgebrannten herzoglichen Theaters einnimmt. Nun folgt man der alten Stadtbefestigung mit dem doppelten Mauerring, vorbei an "Wasserkunst" und "Landskrone", beides Türme aus dem 15. Jahrhundert, und erreicht dann wieder den Ausgangspunkt auf der Vogelwiese.

Im Bürgergarten

Von der Vogelwiese aus geht es südlich auf der hier beginnenden Luisenstraße entlang, die zum Kirschberg führt. Von dort gelangt man zum Rosengarten, an den südlich der Galgenberg grenzt, die Stätte des mittelalterlichen Hochgerichts. Der Rosengarten bietet einen vorzüglichen Blick auf die Stadt und in das Tal von Saale und Unstrut. Am oberen Ende des Gartens steht ein Lüftungsturm der alten städtischen Wasserversorgung. Nur wenige Meter weiter gestalten mehrere Plastiken und Skulpturen die Anlage. Weiter in Richtung Westen überquert man die Neidschützer Straße und gelangt zur Gaststätte "Bürgergarten". In ihrer unmittelbaren Nähe weihte Friedrich Ludwig Jahn 1846 den ersten Naumburger Turnplatz ein. Etwas weiter unten am Berghang stehen die Gedenksteine der Förderer des Bürgergartens als Erholungspark, dessen Anfänge bis in das 18. Jahrhundert reichen. Ein Weg führt in Richtung Buchholz, einer fast durchgängig aus Laubbäumen bestehenden Waldfläche. Über die Bürgergartenstraße geht es zurück zum Ausgangspunkt auf der Vogelwiese.

Entlang der Stadtmauer

Ausgangspunkt der Rundwanderung ist der Kramerplatz südöstlich vom Altstadtzentrum. An der Ostseite des Platzes erhebt sich die 1962 errichtete Peter-Pauls-Kirche der katholischen Gemeinde. Der Vorgänger war 1861/62 an dieser Stelle für die neu organisierte katholische Gemeinde erbaut worden. Rechts neben der Kirche steht das kürzlich renovierte Präsidentenhaus, das 1832 für den Chefpräsidenten des Oberlandesgerichtes entstand. 1921 erhielt das Landgericht das Haus als Dienstgebäude. Gegenüber der 1834/35 erbauten Salztorhäuser steht das alte Schwurgerichtsgebäude von 1856/59. Das ihm seit dieser Zeit angeschlossene Gefängnis gehört jetzt zur Justizvollzugsanstalt des Landes Sachsen-Anhalt. Für das Gericht malte der Düsseldorfer Künstler Bendemann 1864 zum Thema Kain und

Abel ein großformatiges Bild, das der Berliner Architekt Stüler neu umrahmte. Es hängt heute in der Stadtkirche St. Wenzel.

Hinter dem Salztor schließen sich die erhaltenen Reste der Stadtbefestigung an. Von hier aus gelangt man in wenigen Minuten zur Wasserkunst, dem einzig übriggebliebenen Turm der inneren Zwingermauer. Seine ältesten Teile stammen aus dem späten 15. Jahrhundert. An der Innenseite zeigt sich der vermauerte Bogen des alten Zuganges. Im 17. Jahrhundert wurde der Turm zur Wasserkunst umgebaut. Aus dieser Zeit stammt der Fachwerkaufsatz, den Naumburger Altstadtfreunde 1986/87 erneuerten. Von der Wasserkunst führt ein gemauerter Stollengang zu den südlichen Höhen des Buchholzes. Von hier oben wurde das Quellwasser in die Stadt geführt. Der rundbogige Durchgang neben der Wasserkunst, die sogenannte "Pestpforte", stammt von 1877. Von der Wasserkunst aus kann der Weg in westliche Richtung an der inneren Stadtmauer fortgesetzt werden, oder man wählt den äußeren Weg auf der Promenade, der parallel zur Stadtmauer verläuft. Die Anfänge des heute stark befahrenen Altstadtrings gehen übrigens bis in das Jahr 1384 zurück. Damals genehmigte der Bischof das Anlegen einer "Umgehungsstraße" an dieser Stelle. Der Weg an der Stadtmauer entlang führt zunächst zum Platz "Am Wenzelstor". Hier stand bis 1836 das mittelalterliche Wenzelstor (auch Viehtor), das 1510 mit einem Turm neu aufgeführt worden war. Auf dem Platz davor ließ die Stadt 1906 ein Kaiser-Wilhelm-Denkmal von Begas-Schüler Leo Koch-Plaue aufstellen. 1943 wurde es abgenommen und nach Leipzig transportiert. Vom Platz des alten Wenzelstors sind es nur wenige Schritte bis zum Nietzsche-Haus an der inneren Stadtmauer. Dem kürzlich renovierten Haus gegenüber erhebt sich der gedrungene Bau der "Landskrone", eine mittelalterliche Eckbastion aus dem 15. Jahrhundert. Auf der anderen Seite liegt die Vogelwiese mit dem klassizistischen Schützenhaus. Seit dem Mittelalter war die Wiese Übungsplatz der Bürgerschützen und danach Festplatz des traditionellen Naumburger Kirschfestes.

Von der Vogelwiese folgt man dem Promenadenweg weiter in Richtung des Theaterplatzes, vorbei an den alten Bauten der Ratsziegelei und des Theaters (Jakobsring 6), in dem auch Goethes Schauspieltruppe gastierte. An der südöstlichen Ecke des Theaterplatzes erhebt sich der stattliche Realschulbau von 1903/05. Zuvor nahm diesen Platz die schon im Mittelalter genannte Pferdeschwemme ein. Der Schule gegenüber lagen die Ausstellungsräume des Begründers der Werkschar-Bewegung Muck-Lamberty. Vom Theaterplatz folgt man dem Promenadenweg in Richtung Norden. Am Eingang zur Jakobsstraße stand bis 1819 das mittelalterliche Jakobstor. Nach seinem Abbruch entstanden klassizistische Kontrollhäuser, die später einer neuen Platzgestaltung weichen mußten. Der Bereich vom Theaterplatz bis zum Marientor im Nordosten der Stadt zeigt noch gute erhaltene Reste der alten Verteidigungswerke. Empfehlenswert ist ein Besuch des Marientors von 1455/56. Der Platz vor diesem Tor war ursprünglich frei. Lediglich eine Warte stand in einiger Entfernung an der heutigen Halleschen Straße. Später wurde hier der Judengottesacker angelegt und nach seiner Beseitigung die Hauptpost (1831/32). Vom Marientor führt der Anfang des 19. Jahrhunderts angelegte Lindenring zurück zum Salztor.

Weiterführende Literatur

ALBRECHT, O.: Geschichte der Marien-Magdalenen-Kirche in Naumburg a. S. Naumburg 1902.

BERGNER, H.: Naumburg und Merseburg. Leipzig 1909.

Beschreibende Darstellung der älteren Bau- und Kunstdenkmale der Provinz Sachsen. Heft 24: Naumburg. Bearb. von Heinrich Bergner. Halle 1903.

BORKOWSKY, E.: Aus der Vergangenheit der Stadt Naumburg. Naumburg 1893-98.

BRAUN, S.: Naumburger Annalen vom Jahre 709 bis 1613. Hgg. Felix Köster. Naumburg 1927.

DEHIO, G.: Handbuch der deutschen Kunstdenkmäler. Der Bezirk Halle. Bearb. von der Abt. Forschung des Instituts für Denkmalpflege. Berlin 1978.

GIESAU, H.: Der Dom zu Naumburg. Burg 1927.

HARKSON, S.: Die Wenzelskirche zu Naumburg. Das christliche Denkmal. Heft 97. Berlin 1976.

HEINZELMANN, B.: Städte in Deutschland: Naumburg. Berlin 1991.

HEINZELMANN, B.: Naumburg wie es früher war. Gudensberg-Gleichen 1992.

HOPPE, F.: Die Urkunden des städtischen Archivs als Regesten herausgegeben. Naumburg 1912.

HOPPE, F.: Heimatbuch des Vereins für Heimatgeschichte zu Naumburg a. S. Naumburg 1928.

JEX, K.: Naumburg und seine nächsten Umgebungen... Naumburg a. S. (o. J.)

KEBER, P.: Die Naumburger Freiheit. Leipzig 1909.

KROTTENSCHMIDT, N.: Naumburger Annalen vom Jahre 1305 bis 1547 ... Hgg. Felix Köster. Naumburg 1891.

LEPSIUS, C. P.: Kleine Schriften. Beiträge zur thüringisch-sächsischen Geschichte... Hgg. A. Schulz (san Marte). Magdeburg 1854.

MITZSCHKE, P.: Naumburger Inschriften. Naumburg 1877.

Naumburger Heimatblätter. Heft 1 ff.; Hgg. Naumburger Verlagsanstalt. Naumburg 1991, 1992.

Naumburger Stadtchronik vom Jahre 968 bis 1993. Hgg. Bernhard Heinzelmann. Bad Soden-Salzmünster 1993.

SCHUBERT, E. / Görlitz, J.: Die Inschriften der Stadt Naumburg a. S. Berlin und Stuttgart 1960.

SCHUBERT, E. / Görlitz, J.: Der Naumburger Dom. Berlin 1968.

TRAUTWEIN, F.: Naumburg, Bauten und Bildwerke. Naumburg 1931.

Urkundenbuch des Hochstifts Naumburg. Teil 1. Hgg. Historische Kommission für die Provinz Sachsen und Anhalt. Bearb. von Felix Rosenfeld. Magdeburg 1925.

WIRTH, W. / Reichert, E.: Naumburg. Naumburg 1970.

WISPEL, A.: Entwicklungsgeschichte der Stadt Naumburg... Naumburg 1903.

WÖLFER, E.: Das Naumburger Rathaus. In: Naumburger Heimatblätter Nr. 7. September 1955.

Inhalt

In dieser Reihe lieferbar:

Marion und Thorsten Schmidt
Wernigerode
Ein Führer durch die bunte Stadt am Harz
ISBN 3-928977-08-3 (DM 9.80)

Kroker/Stöber/Titz-Matuszak
Goslar
Ein Führer durch die alte Stadt der Kaiser, Bürger und Bergleute
ISBN 3-928977-07-5 (DM 9.80)

Wolfgang Knape
Stolberg
Ein kurzweiliger Führer durch die Historische Europastadt und in die Umgebung
ISBN 3-928977-34-2 (DM 9.80)

Wolfgang Hoffmann
Quedlinburg
Ein Führer durch die 1000jährige Stadt
ISBN 3-928977-19-9 (DM 9.80)

Hans Röper/Thorsten Schmidt
Mit Volldampf durch den Harz
Historisches und Gegenwärtiges entlang der Harzer Schmalspurbahnen
ISBN 3-928977-01-6 (DM 12.80)

Schmidt-Buch-Bildkalender

Mit Volldampf durchs Jahr 199..
Harzer Schmalspurbahnen im Bild
Mit Erläuterungen von Hans Röper

Der Harz 199..
Kunst • Geschichte • Landschaft
Mit Erläuterungen zu den Abbildungen

Wernigerode 199..
Bilder aus der bunten Stadt am Harz
Mit Erläuterungen zu den Abbildungen

Die Straße der Romanik 199..
...im Wandel der Jahreszeiten
Mit Erläuterungen zu den Abbildungen

In der Kleinen Touristen-Reihe lieferbar:

Werner Bernhagen

Quedlinburg
Ein praktischer Stadtführer
ISBN 3-928977-04-0 (DM 8.90)

Thorsten Schmidt

Der Brocken
Berg zwischen Natur und Technik
ISBN 3-928977-00-8 (DM 14.80)

Hans Bauerfeind

Blankenburg
Ein praktischer Stadtführer
ISBN 3-928977-05-9 (DM 9.80)

Stefanie und Günther Herlitze

Wandern im Harz
70 Wanderungen durch das nördlichste deutsche Mittelgebirge - herausgegeben vom Harzklub e.V.
ISBN 3-928977-16-4 (DM 15.80)

Marion Schmidt

Auf der Straße der Romanik
Ein praktischer Reiseführer entlang der Straße der Romanik in Sachsen-Anhalt
ISBN 3-928977-20-2 (DM 19.80)

Thorsten Schmidt

Links und rechts der Straße der Romanik
Ein praktischer Reiseführer zu weiteren romanischen Baudenkmälern in Mitteldeutschland
ISBN 3-928977-24-5 (DM 16.80)

Helga Neumann

Romanik in Sachsen-Anhalt und Niedersachsen
Eine geschichtliche Einführung
ISBN 3-928977-32-6 (DM 3.60)
Die drei Romanik-Bände sind auch komplett im Schmuckschuber erhältlich.

Lieferbare Titel:

Ernst Stolte

Dornenpfad und Himmelsleiter
Ein autobiographischer Roman aus dem Harz
ISBN 3-928977-11-3 (DM 32.00)

Thorsten Schmidt

Volldampf-Reisen
Ihr Begleiter auf den Strecken der Harzer Schmalspurbahnen
ISBN 3-928977-02-4 (DM 3.50)

Hermann Löns

Die bunte Stadt am Harz
Historische Plauderei über Wernigerode
ISBN 3-928977-03-2 (DM 3.50)

Thorsten Schmidt

Dampfroß-Impressionen
Harzer Schmalspurbahnen im Bild
ISBN 3-928977-13-X (DM 14.00)

Thorsten Schmidt

Wernigerode-Impressionen
Bilder aus der bunten Fachwerkstadt
ISBN 3-928977-14-8 (DM 14.00)

Helga Neumann

Die Kirchen in Halberstadt
ISBN 3-928977-35-0 (DM 6.80)

Wolfgang Hoffmann

Die Kirchen in Quedlinburg
ISBN 3-928977-21-0 (DM 5.80)

Helga Neumann

Die Kirchen in Wernigerode
ISBN 3-928977-22-9 (DM 5.80)

In der Kleinen Touristen-Reihe lieferbar:

Werner Bernhagen

Quedlinburg
Ein praktischer Stadtführer
ISBN 3-928977-04-0 (DM 8.90)

Thorsten Schmidt

Der Brocken
Berg zwischen Natur und Technik
ISBN 3-928977-00-8 (DM 14.80)

Hans Bauerfeind

Blankenburg
Ein praktischer Stadtführer
ISBN 3-928977-05-9 (DM 9.80)

Stefanie und Günther Herlitze

Wandern im Harz
70 Wanderungen durch das nördlichste deutsche Mittelgebirge - herausgegeben vom Harzklub e.V.
ISBN 3-928977-16-4 (DM 15.80)

Marion Schmidt

Auf der Straße der Romanik
Ein praktischer Reiseführer entlang der Straße der Romanik in Sachsen-Anhalt
ISBN 3-928977-20-2 (DM 19.80)

Thorsten Schmidt

Links und rechts der Straße der Romanik
Ein praktischer Reiseführer zu weiteren romanischen Baudenkmälern in Mitteldeutschland
ISBN 3-928977-24-5 (DM 16.80)

Helga Neumann

Romanik in Sachsen-Anhalt und Niedersachsen
Eine geschichtliche Einführung
ISBN 3-928977-32-6 (DM 3.60)
Die drei Romanik-Bände sind auch komplett im Schmuckschuber erhältlich.